LE COLLATÉRAL

OU

L'AMOUR ET L'INTÉRET

COMÉDIE

EN TROIS ACTES ET EN VERS

PERSONNAGES.

JULIE, jeune Veuve, femme senfible, tendre,
    mais jaloufe. ambitieufe & violente.

FORLIS, Frère de Julie, homme adroit, fouple
    & intéreffé.

BEAUCHÊNE, Amant de Julie, homme fen-
    fible, délicat, mais naïf, franc & abfo-
    lument étranger à la duplicité des gens du
    monde.

DORMOND, vieux garçon, avare & borné.

LISBETH, Fille de chambre de Julie, vive,
    alerte & fine.

ZACHARIN, Valet de chambre de Beauchêne,
    garçon plaifant, ingambe, attaché à fon
    maître & ayant reçu une certaine éducation.

Un LAQUAIS.

*La Scene eft dans une ville de province & fe paffe
dans un falon de la maifon de Julie. Deux portes
latérales dont l'une eft la porte qui va fur l'efcalier du
côté du Roi, l'autre eft l'appartement de Dormond du
côté de la Reine. Porte de fond qui va dans l'inté-
rieur; fur le côté gauche de l'Acteur & vers l'avant
Scene une table couverte d'une écritoire, papier, &c.*

LE COLLATÉRAL

OU

L'AMOUR ET L'INTÉRÊT

COMÉDIE

EN TROIS ACTES ET EN VERS,

Par P. F. N. FABRE D'EGLANTINE,

Repréſentée ſur le Théâtre de Monſieur au palais des Tuileries, le 26 Mai 1789, & repriſe au Théâtre Français, rue de Richelieu, le 27 Octobre 1791.

Il veut les biens de tous & le bonheur d'aucun;
Ennemis, ou parens avides, c'eſt tout un.
COLLATÉRAL, act. II. ſc. 10.

A PARIS,

Chez **L. F. PRAULT**, Imprimeur du Roi
quai des Auguſtins, à l'Immortalité.

1791.

Tiens, ma chère Lisbeth, quand une idée est là,
(Elle indique sa tête.)
Amour, raison, conseil, ni louange, ni blâme,
Rien ne peut l'en ôter. En un mot, je suis.....

LISBETH.

Femme.

JULIE.

Oh! femme, tu dis bien; oui, femme à tout tenter,
Tout, tout, Lisbeth, plutôt que de me rétracter.

LISBETH.

Vous vous retracterez.

JULIE.

Moi? moi?

LISBETH.

Vous-même.

JULIE.

Écoute:

Ne vas pas me fâcher.

LISBETH.

Plût au ciel!

JULIE.

Quoi?

LISBETH.

Sans doute,

Je prétends vous fâcher; vous en avez besoin.
De l'humeur, est-ce assez? il faut aller plus loin;

L'AMOUR ET L'INTÉRÊT,

COMÉDIE.

EN TROIS ACTES ET EN VERS.

ACTE PREMIER.

SCENE PREMIERE.

JULIE, LISBETH.

JULIE, *entre à pas lents et réfléchissant. Lisbeth la suit de loin.*

Tu me suis ?

LISBETH.

Je vous suis.

JULIE.

Vainement.

LISBETH.

Abus !

JULIE.

Ah !...

A

De se voir préférer un vieillard?

LISBETH.

A bon compte,
Il vous demeurera ce vieillard?

JULIE.

Hé bien! soit.
Il m'aime.

LISBETH.

Ah! quel amant!

JULIE.

Très complaisant.

LISBETH.

Très froid,
Jaloux, sans contredit, grondeur; d'une avarice!
Qui l'a rendu fameux; ignorant! par caprice.
D'une sottise!... Non, je suis sûre, entre nous,
Que cet homme, jamais, ne sera votre époux.

JULIE.

Il le sera.

LISBETH.

Point, point.

JULIE.
Tu verras.

LISBETH.

Bagatelle!

J U L I E , *affirmativement.*

Lisbeth, il le sera. Quoi donc, un infidèle,
Sans en être puni, devant moi, sous mes yeux,
M'aura fait un affront?... Hé! quel trait odieux!

L I S B E T H.

Est-ce un crime, après tout?

J U L I E.

        La plus mortelle injure;
Et si tu l'apprenois.....

L I S B E T H.

        Mais je sais l'aventure;
J'étois ici témoin......

J U L I E.

Non, non.

L I S B E T H.

        Pardonnez-moi,
Madame; un jour il vient.....

J U L I E , *se souvenant, et avec négligence.*

        Oui, j'étois avec toi,
Lisbeth.

L I S B E T H.

Il vous annonce un bal, chez la baronne;
Bal masqué, très brillant, c'est le soir qu'on le donne;
Il vous invite, et même avec un air charmant,
Il mêle en ses propos un petit compliment,

Qui ne vous déplaît point. Malgré sa vive instance,
Vous refusez d'aller......

JULIE.

Je n'aime pas la danse.

LISBETH.

Tendrement il insiste, et n'obtient qu'un refus,
Si précis et si net, qu'il en étoit confus.

JULIE.

Qui? lui! confus? grimace! et pure hypocrisie.
Quoi donc, en me quittant, plein de sa fantaisie,
N'alla-t-il pas au bal?

LISBETH.

Il étoit invité;
Pourquoi le soupçonner d'une infidélité?
Et par quelle raison, vous mettre dans la tête,
Que pour d'autres amours il courût à la fête?

JULIE, *dépitée.*

Ah! ta sécurité, vraiment, me pousse à bout;
J'étois moi-même au bal, puisqu'il faut dire tout.

LISBETH, *étonnée.*

Qui? vous, madame?

JULIE.

Oui, moi; tu me crus chez Mélite!
Je feignis, il est vrai, de lui rendre visite,
Et chez elle, en effet: d'abord je me rendis.

Mais toutes deux, ensuite, et d'un commun avis,
Pour mieux nous assurer de ce que je soupçonne,
Nous courons, sous le masque, au bal de la baronne.
Tu croirois que Beauchêne, inquiet, hors de lui,
De mon absence, au moins, éprouvoit quelqu'ennui?
Point du tout; gai, joyeux... en un mot, plus aimable
Qu'il ne le fut jamais avec moi...

LISBETH.

Comment, diable!

Je l'ai vu si timide auprès de vous.

JULIE.

Lisbeth,

Tu n'en as pas d'idée; il rioit, babilloit;
L'air libre, l'esprit vif, une aisance imprévue,
Une adresse..... qu'en lui je n'avois jamais vue;
Et s'il faut t'avouer ma honte et mes regrets,
Je le trouvois encor plein de grâce et d'attraits.

LISBETH.

Le fripon!

JULIE.

Mais pour qui cette métamorphose?

Je ne fus pas longtems, sans en trouver la cause.
Hortense étoit au bal, à quatre pas de moi;
On la prétend jolie, et je ne sais pourquoi.
Comment la trouves-tu? tu la connois.

LISBETH, *d'une ambiguïté tirant sur le mépris.*

Madame?....

A 4

JULIE.

Deux grands yeux......

LISBETH, *de même.*

Assez beaux...

JULIE, *vivement.*

Oui; froids, muets; point d'âme,
Aucune expression jamais dans le regard.

LISBETH, *de même.*

Elle est fort blanche...

JULIE.

On l'est, grace au secours de l'art.
Une bouche boudeuse...

LISBETH, *de même.*

On la diroit vermeille;
Mais...

JULIE, *vivement.*

Mais, il n'en est rien. Qu'une femme pareille
Passe pour être belle; il le faut avouer,
Les hommes ont toujours un foible pour louer.
Ce que j'en dis au moins n'est pas par jalousie.
Quoi qu'il en soit, enfin, mon âme fut saisie,
Quand j'apperçus Beauchêne auprès de cet objet.
Ah! si tu l'avois vu! figure-toi, Lisbeth,
Que le perfide n'eut des yeux que pour Hortense;
Il la suivoit par-tout, à sa place, à la danse;

Adresse à l'occuper, zèle à la prévenir,
Petits soins..... tous ces riens, qu'on ne peut définir;
Le traître employoit tout. Sa cruelle finesse
Savoit de dix rivaux garantir sa maîtresse;
Ils se parloient tout bas, l'un, l'autre, tour à tour,
Épioient dans leurs yeux les signes de l'amour;
Et l'on eût dit à voir Hortense triomphante,
Qu'elle avoit deviné que j'étois là présente.
Je ne pus endurer les affronts d'un ingrat,
Et je sortis enfin, de crainte d'un eclat.
Après ce tour affreux, j'hésiterois encore
A me venger, Lisbeth, d'un homme que j'abhorre!
Non, non; dès aujourd'hui, j'épouserai Dormond.

LISBETH.

Si l'autre épouse Hortense?...

JULIE.

A lui permis.

LISBETH.

L'affront

Seroit double.

JULIE.

Non pas; Hortense est sans fortune;
Non que Beauchêne, au moins, ait l'âme assez commune
Pour chercher la richesse aux dépens de son cœur;
Je lui rends bien justice; il est homme d'honneur:
Le sentiment le touche, et non pas l'opulence,
Et je ne doute pas qu'il ne choisisse Hortense;

Mais c'est où je l'attends.

LISBETH.

Je n'entends pas ceci.

JULIE.

La vengeance d'un jour suffiroit-elle ici ?
Dormond, mon vieux futur.....

LISBETH, *vivement, d'un air mémoratif.*

Mais Hortense est sa nièce

Si je ne me trompe ?

JULIE, *avec joie.*

Oui vraiment.

LISBETH.

La bonne pièce !

JULIE.

Il est riche, et ne peut, s'il demeure garçon,
Laisser après sa mort, les biens de sa maison,
Qu'à ma rivale ; elle est sa plus proche héritière.
Je déshériterai le couple téméraire.
Hortense et son époux verront, par ce traité,
Si l'on doit se jouer de ma simplicité ;
Cette femme est légère, et sa coquetterie
Le punira d'abord de sa bizarrerie.
C'est peu ; l'amour se calme, et cette passion,
Après un certain tems, cède à l'ambition.
Et peut-être qu'alors les soucis du ménage,
Pourront au repentir ramener mon volage.

Je suis veuve, opulente, et maîtresse de moi;
Un autre aura le bien, que je gardois pour toi,
Perfide! et j'aurai su te ravir par avance,
Amour, amitié, biens..... et jusqu'à l'espérance.

LISBETH.

Qu'une femme s'entend à venger son orgueil!
Le projet est bien vu. Mais je crains un écueil.

JULIE.

Quoi?

LISBETH.

Vous aimez encor.

JULIE.

Moi! j'aime?

LISBETH.

     A la folie.

JULIE, *d'une affirmation affectée.*

Beauchêne n'est plus rien, dans le cœur de Julie,
Je t'assure.

LISBETH.

Passons. De tout ce grand courroux,
Une bonne moitié ne provient que de vous;
Je le vois assez. Mais l'autre moitié, je gage,
Vous vient de votre frère.

JULIE, *avec toute confiance.*

    Oh! point; quel avantage!..

LISBETH.

Vous êtes riche. Il voit de loin lui, loin des siens,
Sans espoir de retour, s'échapper tous vos biens,
Si l'amour et l'hymen vous rendoient à Beauchêne.
Qu'avec le vieux Dormond pareil nœud vous enchaîne,
Et c'est un contrepied qui comble son espoir.

JULIE, *de même.*

Combien tu lui fais tort ! il est aisé de voir
Qu'il n'exista jamais, Lisbeth, un meilleur frère ;
Plus complaisant, plus doux… tu te trompes, ma chère,

LISBETH, *avec dissimulation.*

Il se peut.

JULIE.

Le voici.

LISBETH, *à part, tandis que Julie s'avance vers Forlis.*

Je ne m'abuse pas.
Mais je te guetterai !… chut !…

———

SCENE II.

JULIE, LISBETH, FORLIS.

—

FORLIS.

J'allois de ce pas,
Avec l'ami Dormond, terminer notre affaire.

JULIE, *avec aise.*

Oui? fort bien !

FORLIS.

Mais avant d'aller chez le notaire,
J'ai, par précaution, voulu vous consulter,
Ma sœur, et s'il falloit ne rien précipiter. ...

JULIE, *à Lisbeth, à part.*

(*Haut.*)
Tu vois, Lisbeth? Forlis, terminez, sans remise,
Dans ce jour; je l'approuve, et je vous autorise
En tout. Faites; allez.

LISBETH, *finement, comme dans tout le rôle.*

Prenez-y garde, au moins !
N'engagez pas un frère à de funestes soins.
Monsieur vous parle juste, et trop d'impatience,
Comme vous le voyez, alarme sa prudence.
C'est votre intérêt seul qui le guide.

FORLIS, *avec hypocrisie, comme dans tout*
le rôle.

Tu voi,
Lisbeth ? oui, son bonheur est ma suprême loi.
J'embrasse aveuglément tout ce qui peut lui plaire.
Elle épouse Dormond ? j'approuve cette affaire ;
Son esprit y démêle un sort avantageux ;
J'admire sa prudence, et souscris à ses vœux.

JULIE, *séduite.*

Vous m'enchantez, Forlis ; ah ! combien je vous aime !

FORLIS.

Ma sœur !

LISBETH.

Quoi ! c'est aussi, monsieur, votre système,
Que qui possède biens, jeunesse, esprit, beauté,
Doit prendre un vieux mari pour sa félicité !

FORLIS.

On ne le croiroit pas, d'abord. Ce mariage
Semble choquer l'esprit, asservi par l'usage.
Tout cherche la jeunesse, on ne sait qu'imiter.
Mais pour peu qu'à son plan l'on veuille s'arrêter,
On trouve qu'en effet, la raison, la sagesse,
Le confirment au fonds. Ma sœur est sa maîtresse.....
Mais elle approuve un nœud, qu'elle trouve assorti.
Ses motifs, ses raisons, de prendre un tel parti,
Sont les fruits précieux, il faut qu'on en convienne,
De sa sagacité, bien plus que de la mienne.

On n'imagine pas; non !... soit dit entre nous,
Quel but, quel prix charmant, sont cachés là-dessous.
Vous m'entendez, Julie ?

JULIE, *vivement.*

A merveille, et d'avance
Je jouis des effets qui suivront ma vengeance.

FORLIS, *saisissant la pensée de sa sœur avec
une précaution avide.*

Vous figurez-vous bien la honte et les remords
D'un ingrat ? il jouit maintenant ! mais alors… !
Alors qu'un nœud formel aura vengé Julie,
Je veux le voir confus, déplorant sa folie..
Je me fais un tableau, piquant, délicieux,
D'Hortense, qui déja d'un œil ambitieux,
De ce pauvre Dormond convoitoit l'héritage,
Pour couronner de fleurs un amant trop volage!
Sa stupéfaction, au récit de vos nœuds,
Déja me réjouit.

JULIE, *méchamment.*

C'est bien ce que je veux.

FORLIS.

Je la vois. Ah! quel coup! quel tour!... c'est pour se pendre.

JULIE, *transportée.*

Ah! vous me ravissez! et je souffre d'attendre.

LISBETH.

Mais pour punir autrui, faut-il donc s'immoler,
Madame! Et vous, monsieur. …

JULIE, *avec un dépit excessif.*

Si je peux l'accabler
De regrets et d'affronts, cette femme orgueilleuse,
Il n'importe comment, je serai trop heureuse.

FORLIS.

Quoi! Lisbeth? pensez-y; vous n'examinez pas
A quel excès l'amour, la fierté, les appas,
Les vertus de ma sœur,... et son honneur lui-même,
Sont blessés en ceci; je suis frère, je l'aime,
Et je ne peux cacher le déplaisir amer
Que j'en ressens pour elle. Eh quoi! n'est-il pas clair
Que la voilà, d'abord, lâchement abusée,
La dupe d'un ingrat..... l'objet de sa risée?
Et par où, je vous prie, a-t-elle mérité
Ce traitement affreux? par sa sincérité!
Par ce pur sentiment, qui la tint asservie
A Beauchêne?

JULIE, *émue.*

Ah! combien je l'aimois!

FORLIS, *voyant son imprudence, renforce sa*
voix & la séducion.

De sa vie!
Dites, ma sœur, peut-elle oublier ses mépris!

LISBETH.

Quel mépris!

FORLIS.

Fi, Lisbeth!... dans les cœurs trop aigris

II

Il ne faut pas jetter un surcroît d'amertume.
Mais des torts de Beauchêne on feroit un volume.
Et pour qui trahit-il Julie en ce moment?
Pour Hortense, un objet commun, sans agrément;
Par ce bizarre choix veut-il donc faire entendre,
Qu'aux charmes de ma sœur il est dur de se rendre?
Car, après tout, voilà ce qu'on en peut penser.

JULIE.

Sans doute, et si l'on peut à ce point m'offenser,
Si Beauchêne triomphe.....

FORLIS.

Et que Julie endure,

Sans en paroître émue, une pareille injure,
Dans la ville, chacun, à son aise pourra,
Des affronts qu'on nous fait penser ce qu'il voudra.

JULIE.

Comment donc, on diroit... que ne peut-on pas dire?
Ainsi de tous côtés j'apprêterois à rire?
Non, mon frère, courez, et sans plus d'examen
Allez avec Dormond conclure mon hymen.

FORLIS.

J'y vole.

JULIE.

Vengeons-nous de qui nous humilie.

FORLIS.

J'ai quelque chose encore à vous dire, Julie,
Mais en secret.

JULIE.

Venez. Je m'abandonne à vous.

B

Je respire ; et déja je sens tout mon courroux
Se changer en plaisir. Que l'ingrat se désole!
Cet avenir charmant me flatte et me console.
      (Ils sortent, Forlis donne la main à sa sœur.)

SCENE III.

LISBETH, *seule.*

Ah! qu'on dit bien de nous, ce qu'on a toujours dit.
Voulez vous d'une femme assujétir l'esprit?
Intéressez l'orgueil : piquez-le sans mesure.
Jeune, vieille, jolie, ou laide, je vous jure,
Elle en sera la dupe et vous la conduirez,
Avec cette arme-là par-tout où vous voudrez.
Ce rusé de Forlis, avec quelle finesse,
Il conduit, à son but, ma crédule maîtresse!
Il convoite son bien pour lui, pour ses enfans,
Il l'engloutit d'avance : et voilà les parens.
Comment empêcherois-je un si sot mariage?
Tout vient de ce bon frère, et Beauchêne, je gage,
Que depuis trois grands jours on ne veut plus revoir,
Peut-être en ce moment se livre au désespoir.
Car il aime Julie, et ce prétendu crime,
Dont l'une est en courroux et que l'autre envenime,
N'est qu'une bagatelle, à coup sûr. Mais l'orgueil,
Sur ces matières là, voit tout de mauvais œil.
Que faire? le Forlis ne la perd pas de vüe…
L'autre n'ose venir… ah! ciel! elle est perdue!…
S'ils pouvoient se revoir… s'expliquer…

SCENE IV.

LISBETH, ZACHARIN, *déguisé en coureur.*

LISBETH, *regardant vers le fond.*

Mais je voi....

Qu'est-ce ? qui cherchez-vous ?

ZACHARIN.

C'est toi même.

LISBETH, *bien aise.*

Ah c'est toi!

Zacharin ? quoi c'est toi !

ZACHARIN.

Vraiment oui... c'est le diable,

Pour entrer céans.

LISBETH.

Quoi ?

ZACHARIN.

Ce portier détestable

M'a vingt fois éconduit.

LISBETH.

Mais quel acoûtrement!

Te voilà donc coureur ?

ZACHARIN.

Coureur ! pour un moment.
Qu'est-ce donc que ceci ! que le diable m'emporte
Si j'y puis rien comprendre. On refuse la porte
Au Chevalier Beauchêne, on la refuse à moi ;
On nous boude, on nous chasse, et d'un pareil renvoi...

LISBETH.

Tout est rompu, mon cher, tout est brouillé.

ZACHARIN.

La cause !

LISBETH.

La cause ? tu la sais, toi.

ZACHARIN.

Pas la moindre chose.

LISBETH.

Quel conte !

ZACHARIN.

Non d'honneur ! je ne m'en doute pas.
                    (*Il épie à droite et à gauche.*)

LISBETH, *avec impatience.*

Mais que veut dire donc, tout cet air d'embarras ?...
Que viens-tu faire ici ! pourquoi cet équipage ?
Que veux-tu ? que faut-il ! et quel est ton message ?
A quoi pense Beauchêne ? où se tient-il ! au fait :
Instruis-moi, qu'a-t-il fait ! ou que n'a-t-il pas fait !

ZACHARIN.

Eh bon Dieu ! doucement. Entendons-nous, ma chère,

Je te rendrai raison sans trouble, ni mistère.
Mais faut-il, mot à mot répondre à tout cela ?

LISBETH.

Oui, dépêche, voyons.

ZACHARIN.

Regarde un peu par là.
Je soupçonne qu'ici l'on pourroit nous surprendre :
Et je crains.....

LISBETH, *précipitant*.

On n'est pas si pressé de descendre,
Nos gens sont en affaire.

ZACHARIN.

A merveille, Lisbeth.

LISBETH.

Ça parle. Si l'on vient, zeste ! en ce cabinet.

ZACHARIN.

Fort bien. Écoute-moi.

LISBETH.

Je t'écoute.

ZACHARIN.

Ma belle,
M'aimes-tu toujours bien ? m'es-tu toujours fidelle ?

LISBETH.

Oh ! Finis donc.

ZACHARIN.

Non pas, s'il vous plaît, vois-tu bien,
Si tu ne n'aimes plus, je ne dirai plus rien,
C'est là le premier fait que mon maître m'ordonne
De savoir avant tout. Ainsi réponds, friponne,

LISBETH.

Si je ne t'aimais pas, me verroit-on ainsi
Prendre tout l'intérêt que je prends à ceci ?

ZACHARIN.

Bon cela ! je vais donc me fier à ton zèle
Mon maître est désolé.

LISBETH.

Ce n'est qu'un infidelle;
Il aime Hortense,

ZACHARIN.

Lui ?

LISBETH.

Quelqu'un bien averti
Me l'a dit

ZACHARIN.

Mon enfant, ce quelqu'un a menti,
Mon maître aime Julie, et n'aime qu'elle au monde;
J'en réponds corps pour corps, s'il faut que j'en répon
Mais ce n'est pas à nous à débattre cela,
Ils s'expliqueront bien, tous deux, sur ce point là.
Depuis trois jours entiers, on nous voit dans la rüe,

Tantôt lui, tantôt moi, faire le pied de grüe,
On nous a refusé l'accès de ce logis,

LISBETH.

Par quel ordre ?

ZACHARIN.

Néant.

LISBETH, *à elle-même sans à parte.*

C'est ce Monsieur Forlis.

ZACHARIN.

Voici le plus fatal. Le bruit court par la ville
Que demain ta maîtresse épouse un imbécille.
Un vieillard, un Dormond ; est-il vrai, dis?

LISBETH.

Que trop ?

ZACHARIN.

Bruit facheux, tu le sais, va toujours le galop.
Mon maître en est instruit, il crie, il se démêne.
Il gémit, il s'agite, il court à perdre haleine.
Dieu sait ! dans quel tracas il a passé la nuit !
Ce matin je dormais. Tout-a-coup, avec bruit,
Le voilà qui m'éveille et tempête de sorte,
Que j'ai cru que le diable avoit forcé ma porte. —
« Hola ! hé ! Zacharin ?... misérable ! tu dors?—
» Hé Monsieur !... qu'est-ce?... quoi? — Vite, debout et sors.
» Où faut-il donc aller? —Chez elle, chez Julie,
» Que je sache, à la fin, si l'ingrate m'oublie. —
» Mais le portier, Monsieur.... —Qu'importe le portier?

B 4

» Ne saurois-tu jouer un tour de ton métier !
» Qu'un valet sans esprit est un meuble incommode !—
» J'ai de l'esprit, Monsieur, et du plus à la mode.
» J'ai vu, j'ai lu, je sais même un peu de latin.
» Mais pour forcer la garde il faut être un lutin.
» Ce portier...— ne sais-tu l'enivrer, imbécille?—
» Quatre louis, Monsieur, l'ont-ils rendu facile?
» Il les a refusés, de votre main, morbleu...
» S'il pouvoit... attendez... oui vraiment... et pour peu...
» Rassurez-vous, Monsieur, j'entrerai, patience...—
» Alors chez un ami je cours en diligence,
» J'endosse cet habit. Je viens me mettre au guet;
» Et dès que j'apperçois s'entrouvrir le guichet
» Lestement je m'élance et monte quatre-à-quatre,
» En laissant après moi le portier se débattre.
» Et me voici, chargé de ce billet pressant
» Qu'il faut à ta maîtresse apporter à l'instant.

LISBETH.

Je n'avois donc pas tort, l'intérêt et la ruse
Environnent Julie; on l'obsède, on l'abuse;
On écarte Beauchêne afin de mieux couvrir
Le piège où ma maîtresse est portée à courir.
Non, non, j'aime Beauchêne, aussi bien que Julie,
J'aime aussi Zacharin. Une seule folie
Rendrait, tout à la fois, quatre amans malheureux,
Et je veux l'empêcher. J'ai le cœur généreux.

ZACHARIN.

C'est bien dit.

LISBETH.

Donne-moi le billet de ton maître.
Vas le trouver; dis-lui qu'il vienne.

ZACHARIN.

Mais peut-être...

LISBETH.

Qu'il vienne. Ne crains rien, souviens-toi de ceci;
Qu'il se trouve à la porte et prêt d'entrer ici
A dix heures un quart de l'horloge voisine,
Je tiendrai, moi, la porte; et je serais peu fine,
Si dans ce moment-là le portier attrapé,
N'était, pour me complaire, autre part occupé.
C'est peu de chose. Cours; que rien ne te retarde.

ZACHARIN, *allant et revenant.*

Adieu donc!... un baiser?...

LISBETH.

Hé! vas, je te le garde.

(*Zacharin sort lestement.*)

SCENE V.

L I S B E T H, *seule tenant la lettre.*

Voici qui va tenter et le cœur et l'esprit.
Je suis embarrassée. Ouvrirai-je l'écrit?
Je voudrais bien forcer ma maîtresse à le lire.
Mon excuse sera le zèle qui m'inspire.

(*Elle va ouvrir et s'arrête.*)

Doucement! ce point-ci me paroît chatouilleux;
L'amour est indulgent, le dépit pointilleux,
Souvent l'humeur punit, ce que le cœur pardonne.

(*Elle réfléchit.*)

Hé! qui sait, après tout, si l'écrit qu'on me donne
Est d'un style amoureux, ou fier ou courroucé?
L'embarras seroit grand... n'ouvrons pas... bien pensé.
Car au fait, il est clair, quoi qu'on y puisse dire,
Qu'on n'est pas sans amour, si l'on daigne le lire.

SCENE VI.

JULIE, LISBETH.

JULIE.

Ah! je n'en aurai pas enfin, le démenti.
Me voilà satisfaite.

LISBETH.

    Et l'on s'est repenti
Plus d'une fois, d'avoir voulu se satisfaire.

JULIE.

Oh! je ne le crains pas; tout est dit. A mon frère
J'ai remis les papiers et les titres qu'il faut,
Pour finir. La faiblesse est un triste défaut

Dont les femmes devrait être bien corrigées,
On ne les verrait pas si souvent outragées.

LISBETH.

C'en est donc fait, Madame.

JULIE.

Oui : ne t'ai-je pas dit
Que Forlis est muni des papiers ?

LISBETH.

Il suffit ;
Je n'ai donc pas besoin, je crois de vous remettre
Ceux que j'ai ?

JULIE.

Des papiers ? toi ?

LISBETH.

Sans doute, une lettre.

JULIE.

Une lettre ? de qui ?

LISBETH, *donnant la lettre.*
Voyez de quelle part.

JULIE.

Ah! je vois, mon enfant, elle arrive trop tard;
Je m'embarrasse peu de pareilles lectures.
Tu la lui renverras. *(Elle l'offre.)*

LISBETH, *se dispensant de la prendre.*
Pourquoi? dans les ruptures

La politesse veut que l'on se dise adieu,
Entre aimer et haïr n'est-il pas un milieu?
Il est certains égards que Beauchêne respecte;
Lisez, vous verrez.

JULIE.

Non, la lettre m'est suspecte.

LISBETH.

Elle n'est pas de lui, peut-être.

JULIE.

Ah! le bon trait.
Je connais l'écriture ainsi que le cachet,
Et vois la fermeté d'un cœur que l'on courrouce,
Sans une émotion involontaire et douce,
Je ne revoyais point ces caractères-là,
Je les vois d'un sang froid... d'un cœur... Tiens, la voilà.
(*Elle la donne.*)

LISBETH.

Vous ne la lirez point?

JULIE.

Non vraiment.

LISBETH.

Je suis sure
Qu'il vous fait ses adieux tout-à-fait.

JULIE.

Je te jure
Qu'il n'en est rien, Lisbeth. Sa vanité gémit;
Son amour-propre souffre, et son orgueil frémit.

Lui! faire ses adieux? vas c'est tout le contraire,
Ma résolution fait du bruit, elle opère.
Il voudrait m'abuser, mensonges superflus,
D'un homme humilié, que mon cœur n'aime plus.

LISBETH.

Comment, vous penseriez...?

JULIE.

(*Elle reprend la lettre.*)
                Mais vois donc, je te prie.
Donne-la moi. S'il faut, dans une brouillerie
S'acquitter des égards que l'on se doit toujours,
Un ou deux complimens, aussi menteurs que courts
Suffisent pour cela.

LISBETH.

      J'en convïens.

JULIE, *élevant et tournant la lettre.*
                 Mais observe
Que les pages, ici, sont pleines, sans réserve.
Il en dit long, ma chère! et l'on devine assés
Qu'il voudrait ralentir des projets avancés.
Indigne politique! aux hommes trop commune,
De deux ou trois côtés, ils tentent la fortune,
Et s'embarrassent peu dès lors qu'ils ont choisi,
Des plaintives douleurs dont un cœur est saisi.

LISBETH.

Il en est qui briguant des cœurs, tels que les nôtres,
S'en moquent. Mais Beauchêne.

JULIE.

Il est comme les autres.
Et je gagerais bien, que voyant ce qu'il perd,
Que dans sa trahison se voyant découvert;
Car il ne peut douter, après l'estravagance,
Et tout l'éclat des soins rendus à son Hortense,
Que je n'en sois instruite, et qu'ils sont le motif
De mon hymen subit, autant que décisif.
Je gagerois, te dis-je, à ne pas m'y méprendre,
Que par des faux fuyans il cherche à me surprendre.
Mais si j'ai les yeux bons, j'ai le cœur délicat,
Je ne suis ni le fait, ni le jouet d'un fat.

LISBETH.

Peut-être dans ses torts....

JULIE, *complaisamment.*

Si j'étais curieuse
De lire son billet, je suis un peu rieuse;
Ce seroit pour savoir de quel air, de quel front
Il ose s'excuser. Car affront pour affront,
Je le persiflerais d'une telle manière,
Que j'aurois le plaisir de rire la dernière.
Je m'attends, qu'il étale ici mal-à-propos
Des regrets....

LISBETH.

Ah! voyons!

JULIE, *tournant la lettre dans le sens qui faut l'ouvrir.*

Tu verras de grands mots.
Il me dit que...

———

SCENE VII.

JULIE, LISBETH, FORLIS.

FORLIS, *entrant précipitamment.*

Ma sœur.

LISBETH, *à part.*

Ciel!

FORLIS.

     Un peu d'indulgence
Si mon retard s'oppose à votre impatience.
Mais j'éclaircis un fait. Un valet bien osé,
Le hardi Zacharin, en coureur déguisé,
A forcé notre porte ; on m'en a fait des plaintes.
Pour qui donc, s'il vous plaît tant d'audace et de feintes?
Est-ce pour vous, Lisbeth?

JULIE.

     En voici la raison,
Mon frère ; cette lettre, assez hors de saison,
Par ce valet, je crois, vient d'être ici portée.

LISBETH, *franchement et sans rumeur.*

Il est vrai.

JULIE.

Je la tiens, encore cachetée.

FORLIS, *ricanant.*

De la part de Beauchêne ?

JULIE, *riant.*

Oui, Forlis.

FORLIS, *de même.*

Le bon tour!

JULIE.

Il s'excuse à coup sûr de son nouvel amour.
(*Avec emphase.*)
Moi! vous tromper, Madame!... ah Dieu! moi, que je change
« Hélas!... ciel! grands Dieux... du Phœbus.

FORLIS, *prenant la main de Julie.*

Comme un Ange

JULIE, *avec joye.*

Il sait tous mes projets.

FORLIS.

Déja.

JULIE.

Mais je le crois,
Le voilà tout confus de perdre ainsi ses droits.
Cela pique, Forlis; son repentir commence.

FORLIS, *avec une force maligne.*

Attendez-vous de même au désespoir d'Hortense.

JULIE.

Ah! je n'en doute pas.

FORLIS,

FORLIS, *vivement.*

Voulez-vous les navrer ?

(*Il dérobe la lettre.*)

Donnez-moi cette lettre, et sans délibérer,

A ce petit Monsieur, en sa propre demeure,

Je la fais reporter moi-même en un quart d'heure.

Il apprendra l'état que l'on fait de son cœur;

Que l'on peut s'en passer; et je prétends, ma sœur,

(*Préparant le dernier vers et appuyant dessus.*)

Qu'un dépit orgueilleux à tel point le possède,

Qu'Hortense à ses regards en va paraître laide.

JULIE, *avec joye.*

Oui, vous avez raison, dépêchez.

FORLIS.

Est-ce tout?

Oh! oh! couple charmant! vous n'êtes pas au bout.

JULIE, *extasiée.*

Que je dois vous aimer, Forlis, pour tant de zèle.

FORLIS. *baisant la main de sa sœur.*

Une sœur, comme vous, que ne fait-on pour elle !

(*Il profite de ce qu'il tient la main pour entraîner sa sœur dans son appartement; et dit en s'en allant.*)

Je vais expédier le billet doucereux.

(*Ils sortent.*)

C

SCENE VIII.

LISBETH, *seule.*

Malicieux parent, et flatteur dangereux !
Beauchêne va venir, et j'ose me promettre
Que vous n'en ferez pas ainsi que de la lettre.

Fin du premier Acte.

ACTE II.

SCENE PREMIERE.

FORLIS, DORMOND.

FORLIS.

Pourquoi tant de façon? vous ne me génez pas.
Si vous logiez, mon cher, à vingt ou trente pas,
Votre discrétion seroit juste et civile.
Mais non, votre maison est fort loin hors la ville ;
J'ai mis assez de tems même à m'y transporter.
   (*S'inclinant.*)
Le retour, avec vous, s'écoule sans compter.

DORMOND.

Vous êtes obligeant.

FORLIS.

      Je suis vrai, rien ne presse;
Il ne faut pas ainsi, Dormond, par politesse,
Pour revenir demain, s'en retourner ce soir;
Vous resterez ici; j'ai pour vous recevoir,
Un bel appartement : plus de cérémonie,
Et changeons de propos, vous avez vu Julie.
Ses appas, dites-moi, vous semblent-ils toujour,

Comme par le passé, dignes de votre amour ?

DORMOND.

Je la trouve charmante, et si le mariage
Paraissoit au public, ridicule à mon âge ,
On n'aura qu'à la voir, pour demeurer d'accord
Que tout vieux, que je suis, je n'ai pas si grand tort.

FORLIS.

Mais vous n'êtes pas vieux.

DORMOND, *s'en faisant accroire.*

Hé ! sans fanfaronades...

FORLIS.

Vous vous portez fort bien : les vieux sont les malades,

DORMOND.

Je suis de votre avis. Vous croyez donc, mon cher,
Que je plais à Julie ?

FORLIS.

Il n'est rien de plus clair,
Puisqu'elle vous épouse; et d'ailleurs, moi je trouve,
Que l'accueil qu'elle vient de vous faire le prouve.

DORMOND.

Elle a certain air gai mêlé de sérieux,
Une grâce !...

FORLIS.

Du sens, qui vaut encore mieux.

DORMOND.

Sans doute. Et je lui crois beaucoup de prud'homie,

FORLIS.

Je vous réponds....

DORMOND.

De l'ordre et de l'économie.

FORLIS.

Vous en serez surpris.

DORMOND.

C'est un grand point, cela ;
La meilleure vertu, sans doute, est celle-là.
Je suis resté garçon, par une crainte sage,
De mettre une prodigue au sein de mon ménage.
C'est le commun fléau des maris que je vois,
Châtiment mérité, bien digne de leur choix !
Convenez, qu'aujourd'hui, c'est une chose étrange,
De voir, comme en six mois, une femme dérange
La meilleure maison. A peine a-t-on signé,
Qu'il faut pour sa parure un trésor consigné.
De modes, tout-à-coup, la maison est remplie,
Ce sont mille chiffons, emblêmes de folie.
Il en est pour les champs, pour la ville et la cour,
Pour le soir, le matin ; pour chaque heure du jour.
On se consoleroit d'une seule dépense,
Mais six fois, par quartier, l'emplette recommence.
Je n'aime point cela.

FORLIS.

Je vous approuve fort.

DORMOND.

Le meuble le meilleur, c'est un bon coffre fort.

Le luxe est ruineux ; et de plus on s'affiche.

FORLIS.

Ma sœur est modérée, et d'ailleurs elle est riche.

DORMOND, *avec joye.*

Je passe un peu pour l'être, et nos bien réunis,
Vont, en s'accumulant, de produits sur produits,
Être pour nos enfans une mine féconde.

FORLIS.

Leurs droits entre vos mains seront le mieux du monde.
Puissent des héritiers vous réjouir dans peu !
Cependant si l'hymen nous trompait en ce vœu.
Vous estimez ma sœur, et vous l'aimez, je pense,
Assèz, pour lui prouver en cette circonstance
Qu'elle est de votre cœur l'objet le plus chéri,
Et que le don des biens suit le cœur du mari ?

DORMOND.

Comment l'entendez-vous, en supposant sans doute,
Que je meure avant elle et sans enfants ? -

FORLIS.

Il coûte.

Il répugne, je sais, à des cœurs délicats,
D'entrer dans ce détails d'intérêt.

DORMOND.

Pourquoi pas ?

La prudence le veut ; et j'aime assez à prendre
Ces précautions-là. Le tout est de s'entendre.

S'il arrive, qu'enfin, je sois sans successeur,
Ou, j'assure, après moi, mes biens à votre sœur.
Elle fera pour nous, je crois, la même chose.

FORLIS.

Quoi! vous l'exigeriez?

DORMOND.

Comment! si je dispose....

FORLIS.

Mais ce n'est plus de même.

DORMOND.

Et pourquoi, s'il vous plaît?

FORLIS.

Ma sœur est jeune et doit...

DORMOND.

Je suis votre valet.
Oui, jeune; la santé brille sur son visage,
Mais je me porte bien, et l'on meurt à tout âge.

FORLIS.

Daignez considérer.

DORMOND.

Ah! je vous vois venir;
Vous préparez de loin vos plans pour l'avenir:
Vous êtes jeune encor.

FORLIS.

Rejettez cette idée,

C 4

Peut-être mes enfans, la font croire fondée.
Mais, en vérité, non. Je vous jure, ma foi,
Que je pense à ma sœur, ici, bien plus qu'à moi.
L'amour qu'elle vous porte, et la douce franchise,
Qui la font vous choisir sans regret, ni surprise,
Méritent bien Dormond, que sans nul déplaisir,
Elle puisse du moins entrevoir l'avenir.
Et quoi que sans projet, mais libre en apparence,
Reposer les soucis sur un peu d'espérance.

DORMOND.

Vous raisonnez fort bien, je comprends tout cela...

FORLIS, *débitant vite sous la main.*

Au reste n'allez point vous figurer par-là,
Que si par un malheur, la sensible Julie,
Perdait en vous, Dormond, le bonheur de sa vie,
Doublement riche alors, elle voulût jamais,
Par de nouveaux liens profaner vos bienfaits.
Votre nom respecté, dont elle ferait gloire,
En elle honorerait toujours votre mémoire.
Et c'est le premier point, qu'avec un noble éclat,
Elle m'a bien prescrit de porter au contrat.

DORMOND.

J'entends bien...

FORLIS.

Et d'ailleurs, qu'est-ce qu'i vous afflige,
Et de quoi s'agit-il? dès demain sans litige,
Sans compter de l'hymen les soins et la douceur,

De ses biens vous serez presque le possesseur.
Vous en partagerez tout le tems de la vie,
Les droits et les produits ainsi que la régie.
Car si ma digne sœur m'admet entre vous deux,
C'est une forme, un rien. Tout n'en ira que mieux.

DORMOND.

Je n'ai pas trop compris encore cette clause
Dont vous m'avez parlé.

FORLIS, *glissant.*

Le conseil. Peu de chose.

DORMOMD.

D'accord, mais...

FORLIS.

Prend-on garde à ces riens, entre nous,
Quand la fortune est grande! immense? Oubliez-vous
Les rares qualités d'une femme charmante ?
Que vous êtes heureux! Adieu! c'est trop d'attente;
Allez, je vous en prie, en mon appartement,
Jusques à mon retour reposer un moment.

(*Appuyant avec mystère.*)
Ma sœur vaque à des soins qu'il ne faut pas distraire;
Pour finir au plutôt, je vais chez le Notaire.

(*Il sort.*)

S C E N E   II.

D O R M O N D, *seul, réfléchissant.*

Mes parens, inconnus, me donnent peu de soin,
Une petite niéce, ici, mais d'assez loin.
Il est bien vrai, je suis presque seul. Mais j'existe,
Tout riche que je suis, il seroit assez triste,
En cas d'événement, d'abandonner un jour
Des biens que je devrais posséder sans retour.
L'habitude d'avoir un bien, double sa perte,
Hum!... Pour être jolie, un peu plus jeune, alerte,
Une femme en prend droit d'exiger tout de nous;
Cette coutume est sotte et nous sommes des fous.
Quoi! pour quelques attraits... il est vrai que Julie,
N'en manque pas, elle est séduisante et jolie;
Et l'on n'est pas fâché, pour si vieux que l'on soit,
D'être avec une belle et sous un même toît.
Cela ragaillardit; et la seule pensée
M'en tient en ce moment la tête embarrassée.
Il faut voir.

SCENE III.

DORMOND, LISBETH.

LISBETH.

C'est ici qu'est votre appartement.
Monsieur, si vous vouliez.

DORMOND.

C'est vous, apparamment,
Qui servez ma future?

LISBETH.

Oui, Monsieur... on m'ordonne
De vous loger céans.

DORMOND.

Un moment.

LISBETH, feignant d'écouter.

On me sonne,
Je crois; voulez-vous bien entrer?

DORMOND.

Mais je voudrais
Savoir un peu de vous...

LISBETH.

Monsieur, je ne pourrois
Répondre sur le champ d'une façon très-claire,

A chaque question que vous pourriez me faire.
On m'appelle, on m'attend. Daignez entrer ici,
Reposez-vous. Bientôt vous serez éclairci
Sur tout ce que pour moi, vous desirez d'apprendre
Je suis à vous , Monsieur.

DORMOND.

Je pourrai vous attendre?

LISBETH, *le poussant.*

Vous le pouvez.

DORMOND.

Je compte en effet sur vos soins.

LISBETH.

Comptez-y.

DORMOND.

Vous verrez.

LISBETH.

Suffit ; je vous rejoins.
(*Elle le pousse dans l'appartement et le ferme.*)

SCENE IV.

LE CHEVALIER DE BEAUCHÊNE, LISBETH.

LISBETH, *appellant à la porte par laquelle elle vient d'entrer.*

Hé! Monsieur de Beauchêne, entrez.

(*Il entre.*)
                                        Suis-je capable!
Je viens de séquestrer le rival vénérable.
Hem! pour vous introduire ai-je usé de détour.

BEAUCHÊNE.

Que ne vous dois-je pas?

LISBETH.

                                Songez à votre amour.
Vous n'avez qu'un instant. Les choses sont poussées
Presque à l'extrémité.

BEAUCHÊNE.

                                Mille et mille pensées
N'ont pu, jusqu'à présent, me faire concevoir
La cause de ceci!

LISBETH.

                    Vous devez le savoir.
Ce sont vos liaisons, avec la belle Hortense.

BEAUCHÊNE.

Mes liaisons?

LISBETH.

Sans doute ; au bal, à cette danse,
Votre amour fut visible, et toujours sur ses pas...

BEAUCHÊNE.

Mais comment?...

LISBETH, *tranchant.*

L'aimez-vous, ne me le cachez pas?
Hortense....

BEAUCHÊNE.

Moi, l'aimer? non, d'honneur, je vous jure;
Je la vis dans ce bal, elle a de la figure,
Des graces, de l'éclat. Par un hasard heureux,
Quand on se voit admis dans un cercle nombreux,
Où, de chaque côté, la beauté vous appelle,
Il est très-naturel de choisir la plus belle.
Voilà tout.

LISBETH, *finement.*

Rien de plus?

BEAUCHÊNE, *sérieusement.*

Rien de plus.

LISBETH.

Je vous crois,
N'épuisez pas ici vos raisons, et vos droits.
Ah! Monsieur, préparez toute votre éloquence,

Pour combattre Julie et la vaincre. Je pense,
A ne vous rien cacher, qu'il en est grand besoin;
Elle est outrée. Oh! ça, vous serez sans témoin.
Je vais user d'adresse et la faire descendre;
Attendez.

SCÈNE V.

BEAUCHÊNE, *seul.*

C'est donc là cette femme si tendre.
Ah! Julie, est-ce ainsi qu'au plus léger soupçon,
D'une ame dégagée et sans autre façon,
Vous séparez de vous l'amant qui vous adore!
C'est une dureté que j'ignorois encore.
Moi, qui croyois Julie, un trésor de douceur,
L'indulgente bonté semblait guider son cœur;
Et voilà que d'un rien, armant sa jalousie,
Elle peut… sexe ingrat! tout n'est que fantaisie,
Qu'amusement frivole, et caprice en vos goûts.
Quoi, Julie! ah! je sens qu'un généreux courroux,
Presque autant que l'amour me possède et m'agite,
Mais j'entends. La voici.

(Il se range vers le fonds, de manière que Julie puisse
avancer sans le voir.)

SCENE VI.

JULIE, BEAUCHÊNE.

JULIE, *à elle-même.*

Qu'elle est cette visite?
Je ne vois point.

BEAUCHÊNE.

C'est moi, Madame.

(*Julie veut sortir.*)

Vous fuyez?

(*Il tombe à ses pieds.*)
Écoutez-moi, de grace, ou je meurs à vos pieds.

JULIE, *voulant s'échapper.*

Inutiles éclats, Monsieur. Je vous en prie,
Que je sorte.

BEAUCHÊNE, *s'opposant décidément à son passage.*

Non non. C'est une barbarie;
Et dussé-je encourir votre éternel mépris,
Vous ne sortirez point sans m'avoir tout appris.

JULIE, *faisant encore mine de sortir.*

User de violence? ah! Monsieur, je me flatte,
Que de quelques égards

BEAUCHÊNE, *hors de lui.*

Je brave tout, ingrate.

Il faut que je vous parle; il le faut. Mon respect

    (Julie va se jetter dans un fauteuil.)

Ne peut être aujourdhui, méconnu, ni suspect;
Mais on ne traite pas un amant de la sorte,
Sans lui dire, après tout, le but qui nous y porte.
Et par quelle raison m'abandonner ainsi?
Moi, fidèle et constant! moi, qui jusques ici!....

        JULIE.

Je n'ai de compte à rendre à personne.

        BEAUCHÊNE.

                Parjure!

        JULIE.

Sur-tout à ceux qui font un jeu de l'imposture.

        BEAUCHÊNE.

De quelle fausseté, pouvez-vous m'accuser?

        JULIE.

Je vous accuse! moi?.... vous pouvez disposer,
Monsieur, de votre cœur, de vos soins admirables;
Faire choix de plaisirs, de beautés agréables,
Et si ce n'est assez d'un cœur, pour votre amour,
A vingt objets charmans faire bien votre cour,
De succès en succès étendre votre gloire;
Vous en êtes le maître; et vous pouvez bien croire
Que je n'en prendrai pas le plus faible souci,
Et que j'ai mis bon ordre enfin à tout ceci.

                     D

BEAUCHÊNE.

Dans mon étonnement je ne sais plus que dire,
De grace, ouvrez les yeux. Tout concourt à détruire
Les injustes soupçons que vous pouvez former.
Est-ce Hortense, en un mot, qui peut vous alarmer?

JULIE, *vivement.*

Point d'explication.

BEAUCHÊNE.

     On aura cru sans doute.

JULIE. *se levant d'impatience.*

Finissons, s'il vous plait, Monsieur.

BEAUCHÊNE.

     Mais, on écoute,
On entend, tout au moins, les gens.

JULIE. *avec force.*

     Je n'entends rien.

BEAUCHÊNE.

De me justifier laissez-moi le moyen.

JULIE.

Je ne m'occupe point d'une chose inutile,
Impossible d'ailleurs.

BEAUCHÊNE.

    Ah! rien n'est plus facile
De vous prouver qu'Hortense...

JULIE, *avec hauteur.*

Encor? c'en est assez.
Et voilà trop de fois que vous me prononcez
Un nom, qu'avec plaisir, selon toute apparence,
Vous avez à la bouche, et qui deja m'offense.
Et pourquoi, s'il vous plaît, me le prononcez-vous?
Si je n'ai nul motif de me mettre en courroux,
Vous êtes bien pressé, pour soulager votre âme,
De venir me parler toujours de cette femme :
Vous en parlai-je, moi? Comment! qui vous a dit
Qu'un aussi mince objet occupe mon esprit?
Que j'y pensai jamais? M'en croyez-vous jalouse?
Jalouse moi? Non, non, qu'Hortense vous épouse,
Elle doit profiter du phœnix des amans.
C'est le moins qu'elle doive à vos transports charmans.
Il serait imprudent et mal, à cette Hortense,
De ne pas vous payer de ce ton d'élégance,
De cette grace enfin, qu'avec facilité
Vous savez déployer, monsieur, à son côté.

BEAUCHÊNE.

Hé! juste ciel! qui peut, avec autant d'adresse,
A force de mensonge aigrir votre tendresse?
De tant de faussetés, qui peut donc me noircir?

JULIE, *ironiquement.*

S'il était important de vous en éclaircir,
On pourroit vous nommer des témoins véridiques,
Mais j'y prends peu de part. Vos succès magnifiques

D 2

Doivent vous consoler, monsieur; il est prouvé
Qu'Hortense a fait de vous un galant achevé;
Vous avez le grand air, l'excellente méthode,
Le bon ton; vous allez devenir à la mode.

BEAUCHÊNE.

Eh! madame, cessez....

JULIE, *de même.*

Comment donc! savez-vous
Que votre adresse, au bal, vous a fait des jaloux!

BEAUCHÊNE.

A quoi bon?

JULIE, *de même.*

Il n'est rien, en effet, qui balance
Cette vivacité que vous inspire Hortense.

BEAUCHÊNE.

Cette vivacité?....

JULIE, *de même*

Ce n'est plus, je le voi,
Ce timide maintien, qu'on avoit, avec moi;
C'est mieux; c'est l'art de plaire... et vous êtes aimable.

BEAUCHÊNE.

Ah!

JULIE, *amèrement.*

Quoique, si j'en crois le récit véritable,

Il est clair que vos airs, vos soins mystérieux
Et vos prétentions qui frappèrent les yeux
De tous les gens du bal, restèrent sans louange,
Et qu'on vous y trouva d'un ridicule étrange.

BEAUCHÊNE, piqué.

Continuez, madame; allez encor plus loin,
Tout vous devient permis. Mais il n'est pas besoin,
Pour excuser sa faute, alors qu'on m'abandonne,
De ridiculiser mon cœur et ma personne.
Je me connois fort bien, et je ferai l'aveu
Que j'ai mille côtés à vous donner beau jeu;
Quand votre esprit voudra s'égayer sur mon compte,
Et je le souffrirai sans dépit et sans honte;
Mais, madame, pourquoi prendre tous ces détours,
Quand pour vous dégager, par des moyens plus courts,
Vous n'avez, seulement, qu'à le vouloir, et dire:
C'est qu'il me plaît ainsi; cela doit me suffire,
Et cela me suffit.

JULIE, sèchement.
On ne peut mieux parler.

BEAUCHÊNE, intérieurement outré.

Une chose, du moins, pourra me consoler,
C'est que dans cet éclat, qui soudain nous sépare,
Si le public malin trouve quelqu'un bizarre,
Ce ne sera pas moi.

JULIE, s'emportant.
Ce ne sera pas vous?

D 3

BEAUCHÊNE, *avec une force sourde et craintive.*

Non, bien certainement.

JULIE, *hors d'elle-même.*

Vous doublez mon courroux.
Et qui sera-ce donc ? puisqu'il faut que j'éclate
Sinon l'homme inconstant, dont l'âme fausse, ingrate,
Qui me jura cent fois un amour éternel,

(*La parenthèse bien marquée par une inflexion
de voix et un débit rapide.*)

(Presque au jour d'en former le lien solemnel,
A peine en me quittant, et sous mes yeux encore,
Oui, sous mes yeux, monsieur, jugez si je l'ignore,
J'étais moi-même au bal ; soyez bien stupéfait ;)
Va répéter ailleurs le serment qu'il m'a fait.
Ce ne sera pas vous, qui sans foi, ni prudence,
Osez me préférer votre sublime Hortense?
En esprit, en appas, il le faut avouer,
Sans doute elle l'emporte, et je dois la louer,
Puisqu'enfin c'est à vous, monsieur, que je m'adresse.

(*D'un trait de sentiment.*)

Mais, m'eût-elle jamais égalée en tendresse ?
Vous le savez trop bien. Car enfin, sans vouloir
De ma fortune immense, ici me prévaloir,
Je vous la donnais toute, et mon âme fidele
Déja se complaisait à vous faire par elle,
Un chemin aux honneurs, qui me paraissait dus,

Autant, qu'à votre nom, peut-être à vos vertus.
Cette idée était chère à mon âme attendrie ;
Je pleure au souvenir de cette duperie ;
Et vous me trahissez ? Et d'après cet éclat,
Vous n'êtes pas bizarre ? ajoutez donc ingrat !
Oui sans doute, et de tout, monsieur, le plus perfide.
Aussi n'écoutant plus qu'une vengeance avide ;
Oui, je romps avec vous, pour jamais : et demain
A Dormond sans retour je vais donner ma main.
Qu'Hortense vous épouse, épousez cette belle,
Que je n'entende plus parler de vous ni d'elle.
Je n'examine point ce qu'il peut m'en coûter,
Mais je serai vengée, et j'ose m'en flatter.

BEAUCHÈNE, *avec tendresse.*

Vous me charmez, Julie, en me faisant outrage.
J'aurais pu vous trahir ? moi, parjure, ou volage ?
Rendez plus de justice au cœur de votre amant ;
Il n'est pas un seul jour, un heure, un seul moment,
Où, près et loin de vous, en son inquiétude,
Mon âme ne se fasse une douce habitude
De se peindre vos traits, votre amour, vos bontés ;
En voilà donc les fruits ? qu'ils sont peu mérités ?
Je sollicite en vain mon cœur et ma mémoire,
Je cherche, et ne vois pas ce qu'il vous plaît de croire.
Près d'Hortense, il est vrai, fixé, mais par hasard,
Dans mes soins prétendus, je n'ai mis pour ma part
Que ces civilités que l'usage commande.

D 4

JULIE, *l'interrompant.*

Ah! l'excuse est trop faible, et l'insulte trop grande,
Pour votre part, monsieur, dites-vous? ah je voi,
C'est elle qui vous aime, et vous, de bonne foi,
Fidèle cependant à la sotte Julie,
Que vous quittez et qui sans doute a la folie.
D'élancer de son cœur sa pensée après vous,
Vous, dis-je, pour jouir d'un passe-tems plus doux,
Vous venez assiéger une élégante dame,
Qui vous aime, et cela par pure bonté d'ame.
Et vous appelleriez simple civilités
Ces regards, ces transports...?

BEAUCHÊNE.

Ah! Julie! arrêtez

JULIE, *fort émue.*

Oui, finissons, monsieur; en effet je suis bonne
D'éclaircir des objets, que je vous abandonne;
Je dois me défier de mes propres arrêts;
Peut-être il suffiroit de vos seuls intérêts.
Exposez avec l'art que vous avez, perfide,
Pour émouvoir mon cœur trop faible et trop timide,

BEAUCHÊNE, *affectuesement.*

Eh! daignez l'écouter, ce tendre cœur.

JULIE, *s'éloignant et le montrant du doigt.*

Non, non,

Voyez, avec quel art, attaquant ma raison,
Il cherche à me surprendre.

SCENE VII.

JULIE, BEAUCHÊNE, FORLIS.

JULIE.

Arrivez donc, mon frere,
Vous venez à propos.

FORLIS, *étudiant la situation.*

Troublai-je le mystère ?
Je donnai vos papiers, ma sœur, et . . .

JULIE.

Vous voyez ?

FORLIS.

Un racommodement peut-être.

JULIE, *fière de se sentir encore résistante.*

Vous croyez ?
Accordez-moi, Forlis, un peu de caractère.
Ah! je n'ai point changé de pensée, et j'espère
Accomplir jusqu'au bout ce que j'ai résolu.

BEAUCHÊNE, *à Forlis.*

Empêchez ce malheur, monsieur, si j'ai déplu,
Si ma faute, excusable autant qu'involontaire.

FORLIS, *embarrassé*.

J'y consens, volontiers, mon cher; mais comment faire?
Vous avez outragé ma sœur.

BEAUCHÈNE, *vivement*.

                  Plutôt la mort,
Que d'avoir ce dessein.

FORLIS.

                Allons, vous avez tort,
Nous savons là-dessus les mille et mille excuses
Des parjures amants, leurs détours et leurs ruses;
Mais au fait: je sais tout, vous avez tort.

BEAUCHÈNE.

                        Eh bien!
J'ai tort, puisqu'il le faut...

FORLIS.

                Puisqu'il le faut.... un rien,
Un simple badinage.... oui-dà? qui veut vous croire,
Ne trouve dans vos tours que des sujets de gloire?

           (*Avec scélératesse.*)

Mais réfléchissez bien.... le cœur!.... je ne veux pas
Exciter entre vous quelque fâcheux débats;
Mais vos nouveaux projets ont fort mauvaise grace.
Il n'est qu'un esprit faux, frivole, un cœur de glace
Qui puisse préférer Hortense....

BEAUCHÊNE, *indigné.*

Ah ! préférer ?

FORLIS.

Oh! voilà comme ils sont; toujours prêts à jurer
Un amour délicat. . . les croirez-vous? sottise;
Celle précisément que leur bouche méprise,
Est le secret objet de leur plus tendre amour.

BEAUCHÊNE.

La pure vérité. . .

FORLIS, *d'une bonté malicieuse.*

Là, soyez sans détour,
Excusez, si je viens éventer le mystère;
Mais avant d'être ami, Beauchêne, je suis frère.
Convenez que dix fois, vous-même m'avez dit,

(*Amplifiant du geste et de l'accent.*)

Qu'Hortense était charmante, un prodige d'esprit;
Que de la ville, enfin, c'était la plus jolie,
Pleine de goût, de grace, une femme accomplie !

BEAUCHÊNE, *avec la chaleur et l'aveuglement*
de la franchise.

Et c'est, précisément, cette naïveté
Que j'ai mise à parler ainsi de sa beauté,
Devant vous, frère, ami, protecteur de Julie,
Qui doit vous rassurer. Quelle étrange folie !. . .

FORLIS, *à sa sœur.*

Il s'en tirera bien.

BEAUCHÊNE, *avec un dépit candide et animé.*

Au prix de tout mon sang,
Non, je ne puis cesser d'être sincère et franc.
Hortense, dites-vous, est celle que j'adore,
Et bien ! je conviendrai, je dirai même encore,
Avec mille autre gens, et qui ne l'aiment pas,
Qu'Hortense est en effet, un prodige d'appas,
Que son esprit est vif, son caractère affable,
Sa conversation gaie, amusante, aimable ;
Qu'elle a d'aussi beaux yeux qu'on puisse les avoir ;
Même j'ajouterai, que chez Verseuil, un soir,
Ils firent l'entretien d'un assemblée entière,
Que sa bouche est la rose ; et s'il ne faut rien taire.

JULIE, *coupant net avec un dépit concentré.*

Nous la connaissons tous fort bien. Mais vous, monsieur
Qui n'avez pas encore admiré cette fleur
D'assez près, pour en faire une digne peinture,
Allez, sous ses regards terminer l'avanture ;
Ce bel enthousiasme est un feu précieux,
Qu'il ne faut pas, longtems, dérober à ses yeux.

(*Avec hauteur.*)

C'est mon avis, mon ordre, et vous pouvez le prendre
Ce jour même ; pourtant, vous voudrez bien me rendre
Mon portrait ; c'en est trop, je ne puis lui souffrir

Une comparaison qu'il ne peut soutenir.

(Elle sort.)

BEAUCHÊNE, éperdu, courant après elle.

Eh! grand dieu!

SCENE VIII.

FORLIS, BEAUCHÊNE.

FORLIS, arrêtant Beauchêne.

Restez donc. Vous êtes fou sans doute!
Sont-ce là des détails qu'une maîtresse écoute?
Je voulais arranger les choses comme il faut,
Vous avez tout gâté.

BEAUCHÊNE, avec chaleur.

Mais c'est donc un défaut
Que la sincérité? Je lui prouvais qu'Hortense,
Malgré tout ses attraits, n'a pu faire.

FORLIS.

Imprudence!
Après ce dernier trait, vous seriez mal venu.

BEAUCHÊNE.

Un cœur plein de franchise est-il donc méconnu?
Quels caprices affreux!...

FORLIS.

Ha ! ha ! mon cher, les femmes...
Avez-vous vu quelqu'un qui connût bien leurs âmes!
Je vais voir cependant ma sœur... mais, croyez-moi,
Consolez-vous d'avance. (*Il sort.*)

SCÈNE IX.

BEAUCHÊNE, *seul.*

Après ce que je voi,
Que faire ? que résoudre ?... ah ! fuyons la cruelle...
Mais, que dis-je ?... je l'aime !.., et ne puis aimer qu'elle.
Hé ! dieu ! peut-elle ainsi me tourmenter ?

SCENE X.

BEAUCHÊNE, LISBETH.

LISBETH, *accourant avec reproche.*

Comment !
Avez-vous donc, monsieur, perdu le jugement ?
D'appaiser une femme, est-ce là la maniere !

BEAUCHÊNE.

Je suis perdu, Lisbeth ;... cette âme vaine et fière,

Si vous saviez...

LISBETH.

Je sais tout. Julie en couroux
Dit, répète, redit vos discours, d'après vous,
Et de quoi, s'il vous plaît, devant votre maîtresse,
Vous avisez-vous donc de répéter sans cesse
Qu'Hortense est jolie?

BEAUCHENE, dépité.

Ah!

LISBETH, lestement, le détail débité.

Vous ne savez donc pas
Que tout amant nous est moins cher que nos appas;
Que devant sa maîtresse, un homme adroit ravale
Toute femme quelconque, et sur-tout sa rivale?
Souvenez-vous en bien, afin que de vos jours
Vous n'y retombiez plus; que si par des détours,
Ou par distraction, par humeur, par caprice,
Ou par attachement, ou même par justice,
Celle que vous aimez vous soutient par hasard
Qu'une telle est jolie, et que de votre part,
Il faille en convenir, afin de lui complaire,
Dites... oui; mais d'un air qui ne soit pas sincère,
Et soyez attentif à la combattre après,
Pour pouvoir finement détailler tous les traits.
C'est dans ce détail-là qu'un esprit fin éclate,
A chaque trait, un... mais... et puis le coup de patte,

Si bien, qu'au bout du compte, il demeure avéré
Que cette beauté-là n'est point à votre gré ;
Qu'elle peut éblouir... mais qu'au fonds elle est laide ;
Et vous verrez, alors, votre amante qui cède,
Qui sans trop dire non, supporte sans ennui,
De se voir embellir de la laideur d'autrui ;
Et voilà justement comme on mène les femmes.

BEAUCHÊNE.

Mais il fallait au moins lui dire...

LISBETH, *d'un air absolu.*

Dans nos âmes

Il faut lire un peu mieux. Oui, je vous soutiens, moi,
Qu'Hortense est laide, affreuse et ridicule en soi,
Et que si, pour jolie, on la tient dans la ville,
La ville en a menti. Qu'il est bien difficile
De faire un tel aveu, seul ou devant témoins !
Chacun sait bien qu'en dire, et n'en pense pas moins.

BEAUCHÊNE.

En vain son frère et moi, nous lui faisions entendre...

LISBETH.

Que dites-vous, son frere ? ah ! gardez-vous d'attendre
Qu'il veuille vous servir ; il est précisément
L'auteur, le boute-feu de tout ce changement.

BEAUCHÊNE, *étonné.*

Ah ! que m'apprenez-vous ?

LISBETH,

LISBETH, *allongeant le mot fourbe.*

    C'est un fourbe, à tout faire,
Pour embarquer sa sœur dans un lien contraire;
Il veut les biens de tous, et le bonheur d'aucun;
Ennemis, ou parens avides, c'est tout un.

BEAUCHÊNE.

En effet, et je vois...

LISBETH.

    Tandis qu'il vous retarde,
Sachez dissimuler; et sur-tout prenez-garde
Qu'il ne soupçonne pas ce que je vous apprends.
C'est un point nécessaire au parti que je prends.
Car il faut vous tirer de l'abime où vous êtes,
Et j'ai bien pressenti qu'en de telles tempêtes,
Nous pourrions bien d'abord échouer; c'en est fait,
J'ai, pour mieux réussir, certain petit projet,
Mais il faut de l'argent; en avez-vous?

BEAUCHÊNE.

    Non, guère;
Vous pouvez disposer de cent louis.

LISBETH.

    Misère!
Il nous en faut cinq cents, au moins.

BEAUCHÊNE, *alarmé.*

    Où les trouver?

E

LISBETH, *riant paisiblement.*

Oh! nous les trouverons sans beaucoup y rêver,
Chez quelqu'un qui les a.

BEAUCHÊNE.

Qui donc?

LISBETH.

Forlis lui-même;
Jouez bien le dépit, une colère extrême,
Que vous voulez partir, et que sans le besoin
De douze mille francs, vous seriez déja loin :
Il vous les prêtera, j'en réponds.

BEAUCHÊNE.

L'apparence?

LISBETH.

Essayez, vous verrez. Le voici qui s'avance.
(*Forlis paroît.*)
(*Feignant.*)
Adieu donc pour toujours, monsieur, et puissiez-vous
Parmi les étrangers, trouver un sort plus doux.

BEAUCHÊNE, *entrant dans le même sens.*
Adieu, ne me nommez jamais devant Julie.

LISBETH.

Ah ! les absens ont tort ; bientôt on les oublie.

(*Elle sort, et feignant d'être surprise de voir Forlis,
affecte de cacher cette surprise marquée, par une
révérence coulée, mais respectueuse.*)

SCÈNE XI.

BEAUCHÊNE, FORLIS.

FORLIS.

Que dit-elle donc là ?

BEAUCHÊNE.

La vérité, Forlis ;
Je lui viens d'expliquer le parti que j'ai pris ;
Votre sœur me dégage à force d'injustices.
Fatigué de rebuts, lassé de ses caprices,
A de folles douleurs, c'est trop m'abandonner ;
Et j'ai fait le projet soudain de m'éloigner.

FORLIS.

C'est penser sagement. Ma sœur crie et s'emporte ;
J'ai souffert de vous voir maltraiter de la sorte ;
De sa mauvaise humeur, j'ai bientôt eu ma part.
Que vous êtes heureux !.... A quand votre départ !

BEAUCHÊNE.

Je projettais d'abord d'aller à la campagne,
Mais j'ai, vous le savez, un oncle en Allemagne,
Qui, depuis peu de tems, pour la dixième fois,
M'a prié de l'aller trouver dans quelque mois ;
Il me parle beaucoup d'un sort qu'il me ménage.
Ma foi ! je ne veux pas retarder davantage.

Quoi! ne trouvez-vous point ce voyage à propos
Pour ma délicatesse?

FORLIS.

Et pour votre repos.

BEAUCHÊNE.

Votre sœur connaîtra, par cette longue absence,
Quelle était son erreur sur le compte d'Hortense,
Et je serai vengé par le long repentir
Qui pourra l'obséder.

FORLIS.

A ne vous point mentir,
Cette vengeance est noble, et fine et delicate;
C'est par ses propres pleurs qu'on punit une ingrate.

BEAUCHÊNE.

Je pars dans les huits jours: et tant pis! si demain
J'avais ce qu'il me faut, je serais en chemin.

FORLIS, *avec une curiosité avide.*
Quoi donc?

BEAUCHÊNE, *dégagé.*
Cinq cents louis.

FORLIS, *empressé.*

Fort à votre service;
Ils sont ici.

BEAUCHÊNE, *avec ravissement et l'embrassant.*
Mon cher! j'accepte un bon office.

Adieu, Julie ! adieu, nous voilà séparés.

FORLIS, *qui a fouillé son porte-feuille, donne*
des billets de caisse ou de change.

Les voici.

BEAUCHÊNE, *visant à la table où est l'écritoire.*

Mon billet.

FORLIS.

Bon ! vous me l'enverrez.

BEAUCHÊNE.

Je vous suis obligé.

FORLIS.

C'est une bagatelle.

Demain ?

BEAUCHÊNE, *joyeux.*

De grand matin.

SCÈNE XII.

BEAUCHÊNE, FORLIS, LISBETH.

LISBETH, *à Forlis.*

Madame vous apelle,

Monsieur.

FORLIS.

J'y vais… Beauchêne, adieu ; joie, et plaisir.

(Ils s'embrassent.)

E 3

Vous m'écrirez.

BEAUCHÊNE.

Sans doute, et c'est bien mon desir.

(*Forlis sort.*)

SCÈNE XIII.

BEAUCHÊNE, LISBETH.

BEAUCHÊNE, *enchanté.*

Au devant de mes vœux il a couru lui-même.

LISBETH.

De vous voir déja loin, son envie est extrême.

BEAUCHÊNE, *montrant les billets.*

J'ai douze mille francs.

LISBETH.

Changez-les tous en or.

BEAUCHÊNE.

Pourquoi?

LISBETH.

Vous le saurez... Tenez, prenez encor

Ce papier.

(*Elle lui donne un papier ployé.*)

BEAUCHÊNE.

Qu'est-ce donc?

LISBETH, *confidemment et spécifiant bien.*

Cest un petit mémoire ;
Certaine instruction, barbouillée en grimoire.
Cest de ma main, n'importe, et vous le lirez bien.
Faites ce que j'y dis ; sur-tout n'omettez rien ;
Et le succès suivra, j'ose vous le promettre.
Adieu ! séparons-nous. On nous guette peut-être ;
Ne perdez point de tems ; et qu'il ne soit pas dit
Qu'un amant s'est perdu, faute d'un peu d'esprit.

———

Fin du second Acte.

E 4

ACTE III.

SCENE PREMIERE.

DORMOND, LISBETH.

(Sortent tous les deux de l'appartement de Dormond.)

DORMOND.

Votre maîtresse est-elle à tel point occupée.
Qu'on ne la puisse voir ?

LISBETH.

Ou je suis fort trompée,
Ou rien ne l'empêchoit...

DORMOND.

On ne dit pas cela.
Forlis prétend...

LISBETH.

Je vois ce qu'il entend par-là.

DORMOND.

Où donc est-il ?

LISBETH.

Il vient de sortir toute-à-l'heure.

DORMOND.

Il est chez le Notaire.

LISBETH.

En sa propre demeure ?
Oh! c'est un homme exact, qui voit tout par ses yeux.

DORMOND.

Il croit m'y prendre ; mais s'il voit bien, je vois mieux.

LISBETH.

Quoi? donner tous vos biens, sans avoir en échange
Les biens de votre femme !

DORMOND.

Oui, vraiment. Il arrange
Le contrat de la sorte.

LISBETH.

Ah! voilà donc le nœud!
Aux calculs d'intérêt, je me connais fort peu ;
Mais si je puis juger de ce que j'entends dire,
A cet accord, monsieur, il vous faudra souscrire ;
Car c'est un parti pris de vous y résigner,
Tant bien que mal, avant que l'on veuille signer.
Ne me trahissez pas au moins.

DORMOND.

Soyez tranquille ;
Autant qu'il le croirait, je ne suis pas docile ;
Et si je me résous à la donation,
Je prendrai pour ma part même précaution.

LISBETH.

Vous aurez un refus.

DORMOND.

Est-il dit, je vous prie,
Que je doive mourir le premier ?

LISBETH.

Je parie
Que vous vivrez encor cinquante ans.

DORMOND.

Je ferai
Pour vivre encore plus, tout ce que je pourrai.

LISBETH.

Une femme, ma foi, vous ira bien.

DORMOND.

Je pense
Que j'aurai quelque part à votre confidence.

LISBETH.

Parlez-moi ; je voudrais en tout vous prévenir.

DORMOND.

Fort bien ; en tems et lieu, je sais m'en souvenir.

LISBETH, *finement*.

Je le crois.

DORMOND.

Dites-moi, si depuis son veuvage,
Julie a le cœur libre ?

LISBETH, *minaudant*.

Ah ! monsieur, ce langage…

DORMOND.

Parlez, ne craignez rien.

LISBETH.

Oui, vous irez après,
Trop pointilleux, peut-être, éventer des secrets.

DORMOND.

Je garde tout pour moi.

LISBETH, *malicieusement.*

Je suis trop babillarde,
Et vous en abusez. Vainement, j'y prends garde,
Vous êtes si malin, que vous semblez prévoir
Tout ce que je suis prête à vous faire savoir.

DORMOND.

Oh! la gentille enfant! Eh bien? votre maîtresse
A-t-elle eu quelqu'amant!

LISBETH, *péniblement.*

A-peu-près; la tendresse
Ne peut rester oisive.

DORMOND.

Et ce galant chéri,
Quel est-il?

LISBETH.

Peu de chose.

DORMOND, *d'un air réfléchi.*

Oh!

LISBETH.

Qu'il vienne un mari,
Vous verrez que l'amant sera mis à la porte.

DORMOND.

Elle l'a donc encor?

LISBETH.

Oui, Monsieur.

DORMOND.

De la sorte,
Il est bien étonnant, qu'il ne l'épouse pas.

LISBETH.

Fi donc ; il n'est pas riche.

DORMOND.

Ah! ah!

LISBETH.

Ce dernier pas
Veut des précautions, que l'intérêt conseille ;
Et vous vous trouverez là, pour ce point, à merveille.

DORMOND.

Ah! je me trouve là? Pour veiller les amours
J'espère bien vraiment de m'y trouver toujours;
Je ne suis pas d'humeur à souffrir qu'en ménage.

LISBETH.

Ne vous alarmez pas, ce n'est qu'un badinage.

DORMOND.

Ah! tout doux , s'il vous plaît ; je prétends que chez moi,

LISBETH.

Vous avez bien raison.

SCENE II.

DORMOND, LISBETH, ZACHARIN,(*)

déguisé en médecin élégant et à la mode.

DORMOND.

Sur ce pied-là , ma foi.

LISBETH, *vers le fonds.*

Que demande monsieur ;

  (*Elle s'approche, et reconnaît Zacharin.*)

ZACHARIN.

    Ah! secondez mon zéle !

On m'a dit là-dedans, ma belle demoiselle,
Qu'ici, je trouverais monsieur Dormond.

(*) l'Acteur peut donner à ce travertissement le caractère
qu'il jugera le plus convenable à son genre de plaisanterie et à
ses moyens. Mais dans tous les cas, beaucoup de gaîté.

LISBETH.

Oui-da!
Le voici.

ZACHARIN, *allant les bras ouverts à Dormond.*

Des bonheurs, que le ciel m'accorda,
Le bonheur le plus grand, le plus doux, le plus rare,
C'est de vous embrasser, monsieur, et je déclare
Qu'il ne m'est arrivé, je le jure, d'honneur,
Rien qui soit plus heureux, que ce rare bonheur.

DORMOND.

Monsieur, pardonnez moi.... si ma reconnaissance,

ZACHARIN.

Je voudrais vous parler, monsieur, en confidence,
Et je viens près de vous, d'un vrai zèle animé,
Pour une affaire d'or, dont vous serez charmé.

DORMOND.

Pour une affaire *d'or* ! je ne puis m'en défendre,
Et me voilà, monsieur, tout prêt à vous entendre.

(Il avance des siéges et s'empresse autour de Zacharin
pour le faire asseoir. A quoi celui-ci répond par des façons
comiques ; ce qui ménage l'a parte suivant.)

LISBETH, *à part.*

Zacharin fait des mieux ; il a fort bien compris
Le sens de mon billet ; et le vieillard est pris.

(haut.)
Pour qu'on ne trouble pas vos importans mystères,

Je vais donner par-tout les ordres nécesaires.

ZACHARIN.

Ce sera fort bien fait.

*(Lisbeth sort et fait mine d'applaudir de ses mains,
en souriant à Zacharin, qui d'abord s'oubliant, fait
aussi des mines à Lisbeth; mais comme Dormond qui
les entrevoit se retourne, Zacharin, par une transition
subite, fait une révérence très cérémonieuse à Lisbeth,
qui ne manque pas d'en faire autant. Ce doit être l'effet d'un instant.*

SCENE III.

DORMOND, ZACHARIN.

Ils sont assis face à face.

ZACHARIN, *après une préparation comique.*

Vous avez entendu
Parler d'un médecin, que vous n'avez pas vu,
Arrivé depuis peu? grand ami d'Hypocrate?
Fameux pour le poumon, autant que pour la rate?
Très couru dans la ville et nommé Tamarin?

DORMOND, *avec la confiance de la bêtise.*
J'en ai beaucoup ouï parler, et mon chagrin
Fut de ne pas le voir, lors de ma sciatique;
On m'en a fait toujours un récit magnifique;
Car les bons médecins sont rares.

ZACHARIN.

Oui, ma foi ;
Eh bien ! cet homme-là, ce Tamarin, c'est moi.

DORMOND, *se levant.*

Je suis ravi, monsieur.....

ZACHARIN, *le faisant rasseoir.*

Restez donc, point de gêne,
Et venons au sujet, qui près de vous m'amène.

DORMOND.

Un instant, je vous prie, et puisque je vous vois,
Dites-nous comment va, ma tante de Gerbois ;
C'est vous qui la traitez ; elle est à sa campagne ;
Cette terre est fort belle.

ZACHARIN, *embarrassé.*

Un pays de Cocagne ;
Mais nous en parlerons, monsieur, une autre fois.

DORMOND, *insistant à mains jointes.*

De grace, s'il vous plaît ? ma tante de Gerbois.
(*Avec intérêt.*)

Je dois en hériter.... Pardonnez mon instance ;
Mais la nature parle.

ZACHARIN, *d'abord cherchant avec embarras,
et puis d'un air tranchant.*

Elle... a l'intermittence ;

Ce qui, vous savez bien, nous annonce d'abord
Dans trois jours l'agonie et dans quatre la mort.

DORMOND, *d'une joie involontaire.*

Serait-il bien possible?

ZACHARIN.

A cinq jours l'héritage.

DORMOND.

La bonne femme! hélas!

ZACHARIN.

Ah! vraiment, son grand âge.

DORMOND.

Mais pas si grand, monsieur; car quoique son neveu,
J'ai dix ans de plus qu'elle.

ZACHARIN, *embarrassé.*

Oui,... oui; mais c'est un jeu
Pour vous que ces dix ans; vraiment est-il quelqu'autre
Qui fît comparaison de sa vie à la vôtre?
Et ces tempéramens... inégaux en tous points,
Font qu'un tel est âgé, quand un autre l'est moins.
Vous n'avez donc pas lu mon traité de phosphores?

DORMOND, *bonnement.*

Non, Monsieur, je lis peu.

ZACHARIN.

Tant mieux! les météores
F

Sont propices toujours aux gens qui lisent peu ;
Mais venons à l'objet qui m'amène en ce lieu.

(*D'un ton fort sérieux.*)

Je vous connais, monsieur, on ne peut davantage,
Pour un homme sensé, réglé, prudent et sage,
Et vous m'êtes si bien présent, que tous les yeux,
Tous, dans cent ans d'ici, ne vous verraient pas mieux.
Sur vos principes sûrs, madame votre tante
M'a si bien affermi, d'une façon... probante,
Que les sages de Grèce, à vous les comparer,
Me semblaient, tous les sept, de vrais fous à murer.

DORMOND.

Cet éloge pompeux, que j'écoute et j'admire...

ZACHARIN.

Ah ! ce serait bien pis, si je voulais l'écrire !
Pour n'en pas dire trop, je vais changer de ton.
Le bruit s'est répandu que ce nouveau Caton.
Ce Dormond si prudent allait prendre une femme,

(*Il se serre le cœur avec une grande affection de douleur.*)

Vous n'imaginez pas le chagrin de mon ame,
Lorsque j'entends parler d'un mariage... quoi ?
Je n'y saurais que faire, et c'est plus fort que moi.
C'est mon faible, Monsieur, et je vous le confie ;
Mais c'est là l'élixir de la Philosophie.
Une noce ! esclavage... et c'est monsieur Dormond
Que pousse à ce lien quelque malin démon.
C'est un absurde bruit, que l'on vient de répandre,

Et vous mentez, disais-je, à qui voulait l'entendre.

DORMOND.

Il pourrait arriver.

ZACHARIN, *preste.*

Un moment, s'il vous plaît,
Et vous allez juger, quel énorme soufflet
J'ai donné sans retard à la clameur publique.

(*Pérorant d'une façon méprisante et mutine.*)

Je propose un pari, bien sonnant, authentique,
A quiconque voudra, d'un air affirmatif,
Soutenir cet hymen réel et positif.
Voilà mille louis, qu'à l'instant je dépose,
Ai-je dit.

DORMOND, *d'un air alarmé.*
Attendez.

ZACHARIN, *d'abandon.*

Mon dieu! sûr d'une chose,
Au lieu de n'avancer que mille piéces d'or,
J'en mettrais, les ayant, un million encor.

DORMOND, *en transe sur l'argent.*

Et l'a-t-on accepté, ce pari!

ZACHARIN.

La dispute
Etait vive, à tel point, qu'en moins d'une minute,

Je vois tomber l'argent de vingt côtés divers.
Et mes mille louis sont tenus et couverts.

DORMOND, tout-à-fait alarmé sur cette perte,
se leve en la déplorant.

Mais vos mille louis sont perdus, je vous jure.

ZACHARIN, avec un froid de suffisance, et preste en
se levant.

Ils ne le seront pas; et je vous en assure.
Et vous ne savez point, monsieur, vous-même assez
Ce que vous allez faire... Hé bien! moi, je le sais.

(Calculant.)

Je perds mille louis, si Dormond se marie;
Mais il n'en sera rien, puisque je le parie,
Et que mettant le gain en deux parts, aujourd'hui,
J'en garde pour moi l'une, et que l'autre est pour lui.

DORMOND, avec l'aspect de l'avarice, et ouvrant
déja les mains.

Quoi! douze mille francs me tombent en partage
Si je veux renoncer aux nœuds du mariage!

ZACHARIN.

Ne vous pressez pas tant. Dormond par ce pari
N'est pas toujours exclu du titre de mari;
Dans un an, dans six mois, il peut, s'il le souhaite,
Former à son loisir le lien qu'il projette.

Il suffit qu'aujourd'hui son hymen prétendu,
Sous l'ombre d'un refus demeure suspendu.

(Il tire un papier écrit, qu'il donne à lire
à Dormond.)

Qu'il en signe l'aveu, sans regret, ni reproche.

(Il tire de l'or qu'il pose sur la table.)

Et voilà cinq rouleaux qu'il mettra dans sa poche.

D O R M O N D, *fixant de près l'or avec avidité.*

Cinq cens louis en or?

Z A C H A R I N, *versant un rouleau d'espèces.*

Les voilà bien frappés.

D O R M O N D, *trépignant de convoitise.*

En effet, les voilà?

Z A C H A R I N.

Mes vœux, sont-ils trompés?

(Il amène Dormond au milieu du théatre, et peint
ce qui suit.)

Or, voici maintenant, ce que vous allez faire.

(Il le tourne à droite, l'air renfrogné.)

Vous voyez là l'hymen et monsieur son confrère;
Vous m'entendez fort bien; les plaisirs à l'écart,
Le diable à vos côtés; les galans autre part.

(*Il le tourne à gauche.*)

Et de ce côté-ci, vous voyez sur la table
De cinq cents louis d'or l'assemblage agréable,
Et qui vous garderont toute fidélité.
Vous ne balancez pas à choisir ce côté?
Hem! n'est-ce pas ainsi que Dormond se résigne?

DORMOND, *avec joie.*

Sans contredit.

ZACHARIN, *laconiquement, montrant le papier
et l'or.*

Signez, prenez.

DORMOND, *se jettant des deux bras sur l'or.*

Je prends, je signe.

(*Il signe, et remet le papier.*)

ZACHARIN.

Tout est dit, vous devez, monsieur, dans l'avenir,
De Gaspard Tamarin garder le souvenir.
Il vient de vous sauver plus d'une maladie.

(*D'un air sombre et terrible.*)

L'hymen est à votre âge... une encyclopédie
De maux et de tourmens.

DORMOND.

Je le crois comme vous.

ZACHARIN, *lestement.*

Tant qu'on n'a pas de femme, on n'en est pas jaloux.

DORMOND, *bêtement.*

Il est vrai.

ZACHARIN.

Vous voyez quel intérêt m'anime.

(*Il lui tâte le pouls.*)

Au reste, en vous quittant, voici votre régime.
Dans une heure, au plus tard, regagnez vos foyers,
Ayez bien l'œil à tout, à la cave, aux greniers.
Entassez vos écus. Gardez-vous d'une femme
Comme de la vipère... ou de l'hyppopotame.
Jugez! vous comprenez, le bien que je vous veux;
Mangez toujours pour un; pour un, jamais pour deux,
Comptez bien votre argent : c'est un bon exercice,
Et vous ne sentirez jamais de maléfice.
Adieu, monsieur.

(*Il s'esquive.*)

SCENE IV.

DORMOND, *seul.*

Adieu ! cet homme, sans mentir,
Raisonne bien. Allons, je n'ai plus qu'à partir;
La fortune a vraiment des causes inconnues.
Voilà cinq cents louis qui me tombent des nues,
D'autant plus précieux que leur charmant pouvoir

Empêche un pas de clerc, que je faisais ce soir.
Point de biens à donner, point de galant à craindre,
Et de l'argent bien franc! Je n'ai point à me plaindre.
Je retourne plus gai, que je n'étais venu.

SCENE V.

DORMOND, LISBETH.

LISBETH, *accourant.*

Hé bien! ce monsieur-là, vous était-il connu?
Vous a-t-il apporté d'excellentes nouvelles?

DORMOND

Oh! charmantes!

LISBETH.

Tant mieux! monsieur, quelles sont

DORMOND, *s'en allant.*

Vous les saurez bientôt; car j'ai pris mon parti.
Je vous suis obligé de m'avoir averti
De l'amant.... Ce service aura sa récompense;

(*Il cherche dans sa poche et tire sa montre qu'il élève*

à ses yeux pour voir l'heure qu'il est.)

Recevez mes adieux et ma reconnoissance.

Il sort

SCÈNE VI.

LISBETH, *seule.*

Le voila qui s'en va. Bon, *vivat!* tout va bien,
Et notre faux docteur ne s'est trompé sur rien,
Je le vois. Le fripon a de l'esprit. Julie
A pris un air dolent et de mélancolie
Qui, si je ne me trompe, indique clairement
Qu'elle n'entrevoit plus sa vengeance gaîment;
Le naturel reprend, en l'absence du frère.
Pour celui-là le cœur ne l'embarrasse guère;
Convoiter, envahir, voilà son seul état.
Il me semble le voir courbé sur un contrat,
Entre le garde-note et la sombre avarice,
Calculant, combinant avec son artifice,
Les quand, les si, les mais, et tous ces mots fripons,
Qui, suivant qu'on les place, y sont fatals ou bons.
Ah! combien j'en ai vu de ces gens à rapine
Chez mon oncle autrefois; j'en savais la routine

(Elle jette ces deux derniers vers en pirouettant pour
une fausse sortie.)

Dieu me pardonne! là, je crois avoir reçu
Plus de malice encor, que je n'en aurais eu.
Ah! voici ma maîtresse.

SCENE VII.

JULIE, LISBETH.

JULIE.

Eh quoi! tout m'abandonne!
Qu'est devenu mon frère?

LISBETH.

Eh! madame, il griffonne
Le contrat désiré, qui vous unit ce soir
Au cher monsieur Dormond.

JULIE.

Il ne se fait pas voir,
Cet homme-là? Comment! depuis son arrivée
A peine a-t-il paru. Quel sort! être privée

(avec humeur.)

Ainsi de tout le monde à la fois. Mais vous,
Qu'avez-vous donc à faire aujourd'hui de plus doux,
Dites, mademoiselle? et quel est votre ouvrage
Pour ne pouvoir rester dans ma chambre?

LISBETH, *à part.*

Elle enrage.

(haut.)
J'avais... il me fallait.

JULIE, *la contrefaisant.*

J'avais... il me fallait...

Une autrefois, restez avec moi, s'il vous plaît.
Quoi! quand j'ai de l'humeur, c'est alors qu'on me quitte !

LISBETH, *malignement.*

Madame, j'ignorais que l'on est prêt si vite
La veille d'une noce.

JULIE, *ricannant de dépit.*

Et pourquoi pas ce jour
Comme un autre ?

LISBETH.

Eh mais ! c'est que l'amour.

JULIE.

Il s'agit bien d'amour. Il me fait peu d'envie,
Le tourment, le fléau, le poison de la vie !

LISBETH, *d'une pitié affectée.*

Je le prevoyais bien, que cet hymen subit
Vous donnerait bientôt des chagrins.

JULIE, *avec l'emportement de l'humeur.*

Quel esprit,
Mais où prenez-vous donc que ce nœud me chagrine ?
Eh bien ! sachez de moi, vous qui faites la fine,
Que je ne change point ; que plus fort que jamais,
Je tiens, à cet hymen, comme à tous mes projets ;
Je voudrais seulement que la chose fût faite,
Et qu'on n'en parlât plus.

LISBETH, *avec une complaisance maligne.*

Madame, je souhaite
Ce lien comme vous, puisqu'il vous fait plaisir,
Et l'on fait toujours bien, quand on suit son desir.
Vous avez rebuté Beauchêne ? eh bien, madame,
Il est doux d'obéir au penchant de son ame ;
Il ne vous plaisait plus, il mérite son sort,
Et qui n'est plus aimé, sans doute a toujours tort.

JULIE, *presque avec sentiment.*

Et voilà comme il faut compter sur vos idées !
Mes plaintes, ce matin, étaient très mal fondées ;
Vous défendiez Beauchêne, et d'un ton caressant
Vous le disiez fidéle, il était innocent.
Ce n'est pas que je veuille excuser son outrage ;
Je le vois aussi traître, et même davantage.
Mais vous ! quelle raison vous porte à le blâmer ?
Quoi ! dans le même jour, chérir, mésestimer
Le même homme ? Après tout, vous a-t-il offensée ?
Certes, votre souplesse étonne ma pensée ;
Votre esprit près de moi se fait grand tort par-là,
Et devais-je de vous jamais penser cela ?

LISBETH.

Mais mon esprit, ici, ne blâme, ni n'approuve ;
Je me conforme au tems, c'est mon sort, et je trouve
Que ce seraient des soins indiscrets, superflus.
D'appuyer un amant que vous ne verrez plus.
Quoi ! ne l'avez-vous pas banni de votre vue ?

JULIE.

Je l'ai dû ; je l'ai fait.

LISBETH.

Cette perte imprévue
A fait prendre à Beauchêne un violent parti.
Ne vous l'a-t-on pas dit ?

JULIE.

Quoi donc ?

LISBETH.

Il est parti.

JULIE, *affectée malgré elle.*

Parti ?... pour quel endroit ?... Comment ! pour la campagne

LISBETH, *comme sans intérêt.*

Ah ! bien plus loin, madame ; il court en Allemagne.
Votre frère a reçu ses adieux d'amitié.

JULIE.

Il ne m'en a rien dit.

LISBETH, *indifféremment.*

Il l'a donc oublié,
Ainsi qu'un prêt d'argent, pour faire le voyage ;
Cinq cents louis.

JULIE, *étourdie du coup.*

Comment ! eh quoi ! mais quelle rage
A Forlis, de prêter dès l'abord son argent.
Cet homme officieux !

LISBETH.

C'est qu'il est obligeant.

JULIE, *de l'humeur.*

Obligeant! Ah! ce frère est d'une maladresse!...
C'est qu'il me compromet, moi, ma délicatesse.
Pourquoi lui prêtons-nous, dira-t-on? quel sujet!
Cela peut faire tort, et dans plus d'un objet.
Vraiment je suis outrée! et je...

(*Elle voit un laquais, et l'apostrophe vivement.*)

SCENE VIII.

JULIE, LISBETH, UN LAQUAIS.

JULIE, *au laquais, vivement,*

Qu'est-ce!

LE LAQUAIS.

Une lettre
Pour madame.

JULIE, *la saisissant avec avidité, regarde l'écriture.*

(*Après l'avoir vu avec froideur.*)
Voyons... Et qui la fait remettre!

LE LAQUAIS.

Monsieur Dormond lui-même; il part, il est parti.

JULIE, *à Lisbeth.*

Dormond part?

LISBETH.

Qu'en sait-il? peut-être il est sorti
Pour affaires.

JULIE, *au laquais.*

Allez... voyons donc cette épitre.

(*Le laquais sort.*)

SCENE IX.

JULIE, LISBETH.

LISBETH, *à part, tandis que Julie lit la lettre.*

Elle y va rencontrer bien un autre chapitre,
Si je ne me trompe.

JULIE, *immobile d'étonnement, après avoir lu.*

Ah! par exemple, voilà
Des traits inattendus... tiens, Lisbeth, lis cela.

LISBETH, *prend la lettre et lit avec une expression
fine et piquante.*

« Vous êtes fort aimable, madame, mais je ne puis
» profiter aujourd'hui de l'honneur que vous voulez
» me faire. J'ai fait quelques réflexions sur le ma-
» riage, et j'ai senti qu'il fallait que j'en fisse encore,
» au moins, pendant six mois, avant de me résoudre
» à vous épouser. Je m'en retourne avec l'espérance

» que vous m'accorderez ce délai et que vous ne m'en
» voudrez pas. *DORMOND.*

(*Lisbeth s'incline, ayant l'air de ne savoir que dire.*)

JULIE, *après une pause, débite le premier vers avec
une humeur concentrée, et ensuite éclate jusqu'au désespoir.*

Eprouva-t-on jamais plus de bizarrerie ?
C'est affront sur affront ; mais, dis moi, je te prie,
Qu'a-t-on fait à cet homme ! et qu'a-t-il ? et pourquoi
Ne plus se souvenir de mon bien, ni de moi !
On me trompe, on me fuit, on part, on me refuse ;
Un vieillard me rejette, un jeune homme m'abuse.
Je suis donc haïssable, affreuse, et je ne peux
D'un homme, quel qu'il soit, captiver donc les vœux.
Ah ! Lisbeth ! qu'est ceci ? je suis désesperée.

LISBETH.

Ce Dormond est un fou... sa tête est égarée.

JULIE.

Cet homme qui s'enfuit, comme s'il avoit peur
Qu'on ne voulût par force assujétir son cœur ;
Cet imbécille-là !...

LISBETH.
                    Les époux de la sorte
Sont aisés à trouver ; ainsi, que vous importe ?

JULIE, *dépitée à l'excès.*

Vous voyez bien que non. Ne me parlez jamais
Ni d'amant, ni d'époux, ni d'hymen ; désormais

Je

Je les prends en horreur.... Ah! quelle vie affreuse!
Je sens... je perds l'esprit... que je suis malheureuse!

(Elle tombe dans un fauteuil.) -

<hr>

SCENE X.

JULIE, LISBETH, UN LAQUAIS,

(Annonçant haut et distinctement.)

UN LAQUAIS

Monsieur le chevalier de Beauchêne.

JULIE, frappée.

Qui?.... lui.

Tu le disais bien loin, Lisbeth?

LISBETH.

C'est qu'aujourd'hui,
Peut-être, il a voulu terminer quelqu'affaire;
Il partira demain, j'en suis sûre, et j'espère
Que sans doute, venant prendre congé de vous,
Il pourra vous parler.

JULIE, embarrassée.

Crois-tu donc, entre nous,
Que je doive le voir?

G

LISBETH.

Et comment s'en défendre,
Madame ! n'a-t-il pas un portrait à vous rendre !
Il l'apporte.

JULIE.

En effet, je l'ai redemandé
Moi-même. Son aspect ne peut être éludé
   (*Haut, au laquais.*)
Qu'il entre.

SCENE XI.

JULIE, *assise,* LISBETH, BEAUCHÊNE

BEAUCHÊNE, *respectueusement à Julie.*

Pardonnez, si contre une défense,
J'ose encore une fois vous offrir ma présence,
Madame. Mais je dois vous remettre un portrait,
Il faut vous obéir, et je crois indiscret,
Incivil même, alors qu'on rend un pareil gage,
De se servir d'un tiers pour remplir ce message.
Les présens de l'amour, toujours mystérieux,
Sacrés, ne doivent pas tomber sous tous les yeux.
Un portrait doit toujours, dès lors qu'on le rappelle,
Rentrer exempt d'affronts dans les mains du modèle.
A quelque triste accueil qu'il puisse s'exposer,
Jamais un galant-homme a-t-il su refuser

A ce respect qui doit survivre à la tendresse,
Le soin le plus léger de la délicatesse ?
Le voici, ce portrait. J'aurais, jusqu'au trépas
Conservé tendrement ce chef-d'œuvre d'appas!
On ne m'eût arraché ce bien qu'avec la vie.
D'un charme, cependant, cette perte est suivie,
Et vous seule, madame, avez eu le secret
De me le faire perdre avec moins de regret.

(Il rend le portrait.)

JULIE, *émue.*

Tant mieux ! monsieur ! tant mieux. Non pas que je craignisse
Que ce fût là pour vous un fort grand sacrifice,
Mais puisqu'avec plaisir vous vous en séparez,
Je dois m'en savoir gré, quand vous m'en assurez.
J'aime à vous voir du moins convenir sans scrupule
Que ma sévérité n'était pas ridicule.

BEAUCHÊNE.

Madame, en tout ceci je prends peu garde à moi;
Vos seules volontés doivent servir de loi,
Et l'éloge, ou le blâme, auraient mauvaise grace;
Me taire est mon devoir.

JULIE, *se levant de dépit.*

Vous oserez en face
Me soutenir encor...

BEAUCHÊNE, *se retranchant.*

Ne renouvellons pas,
Madame, s'il vous plaît, d'inutiles débats;

102 L'AMOUR ET L'INTÉRÊT,
(*un peu ému.*)

Vous m'avez délaissé, pour en choisir un autre,
Et je prends mon parti, quand vous prenez le vôtre.

JULIE, *piquée.*

C'est très bien fait à vous. Je n'ai jamais douté
Que vous ne changeassiez avec facilité,
Et j'admire beaucoup cette philosophie.

BEAUCHÊNE, *un peu déconcerté.*

Je pourrais la combattre, et...

JULIE, *vivement.*

Je vous en défie.
Je vous ai démêlé. J'ai fort bien reconnu
Cette affectation d'un amour ingenu
Qui vous aurait jugé d'après votre air timide,
D'après cette douceur, qui souvent nous décide,
Et vous savez fort bien, monsieur, par quel attrait
L'esprit, enveloppé d'un embarras discret,
Fut un piège toujours pour la femme sensible
Qui vous aurait jugé sur ce dehors flexible,
En eût été la dupe, et se serait flatté
De voir en vous l'amour dans sa sincérité.
Mais je vois clair.

BEAUCHÊNE, *simplement.*

Madame, à quoi bon ces reproches?
D'un esprit délié je crains trop les approches,

Et ces détours subtils dont vous m'embellissez,
Contre votre candeur ne m'arment point assez.
Je dirai seulement que j'ignore l'usage
De ces masques trompeurs que votre œil envisage;
Je suis simple et sans art; je ne vous ai fait voir
Que moi-même en un mot. Mais vous devez savoir
Qu'à force de ruser en ce siécle d'adresse,
Le naturel bien franc est l'art de la finesse.

JULIE.

(*A elle-même.*)

Oh! monstre!… eh bien, monsieur, puisque vous m'étalez
Tant de candeur, d'où vient que vous dissimulez?
Pourquoi feindre un départ, aujourd'hui, je vous prie?

BEAUCHÊNE, *tout-à-fait déconcerté.*

Ce départ.

LISBETH, *promptement.*

Ce n'est point une supercherie.
J'ai vu, je suis témoin.

JULIE, *preste.*

Qui vous parle, Lisbeth?

BEAUCHÊNE, *cherchant à se ravoir.*

Je vois bien qu'il est tems que je parte en effet,
Ma présence vous blesse et vous aigrit, madame.
Adieu!

(*Il fait un pas, Julie deux, en disant vivement.*)

JULIE.

Vous ai-je dit un mot de cela?

(Prenant un air qu'elle veut rendre ironique.)

L'ame
De vos projets, Hortense, approuve ce départ?

BEAUCHÊNE, *fait un mouvement violent, comme s'il*
voulait se debarrasser de toute feinte, et s'abandonne à
sa pure franchise avec chaleur et sentiment.)

Je n'y sais point chercher tant de ruse ni d'art,
Et pour ne rien cacher de la vérité pure.

LISBETH, *vivement, à part.*
Le maladroit! il va se trahir.

BEAUCHÊNE, *n'ayant que repris haleine.*

Oui, je jure,
Mon voyage fût-il certain ou simulé,
Qu'on me verra bientôt de ces lieux exilé,
Puisqu'enfin, il est vrai, que je vous ai perdue.

(Avec force.)

Je vous aime, Julie, et mon ame éperdue
Ne voit point de climat qui soit trop écarté
Pour trouver le repos que vous m'avez ôté.
Que cela vous suffise, allez, lorsque la haine,
En dépit de mon cœur, aujourd'hui vous entraîne
Dans de nouveaux liens; ne vous informez pas
Si je pars, en quels lieux je porterai mes pas;

Ma douleur vous plaît-elle? attendez mon absence
Pour savourer en paix votre injuste vengeance.
Il est aussi trop dur, trop cruel, de chercher
De chimériques torts pour me les reprocher!
C'est le comble des maux, de demeurer en butte
A la main qu'on chérit et qui nous persécute.
Donnez là cette main, et laissez à mes yeux
La liberté de fuir un hymen odieux.
(Il s'éloigne.)

JULIE, émue, embarassée, à Lisbeth.
Tu disais bien; il part.

LISBETH, à demi-voix.
Faut-il que je l'arrête?

JULIE, à demi-voix, avec amour, impatience
et honte.
Hé!...qui vous en empêche!...

LISBETH, courant au fond, à Beauchène.
Hé! vous perdez la tête!
Cet hymen n'a pas lieu.

BEAUCHÊNE, n'osant feindre.
Comment? que dites-vous?
Parlez.

LISBETH.
On ne veut pas de Dormond pour époux.
Revenez.

(Elle le ramène, lui fait des signes de la main
et de l'œil, et lui indique de s'approcher
de Julie.)

G 4

BEAUCHÊNE, *s'approchant de Julie avec timidité.*
Dois-je croire une telle nouvelle ?
Vous... n'accomplissez pas cette union cruelle !

JULIE, *tendrement, avec vivacité.*
Si vous extravaguez, est-ce ma faute !

BEAUCHÊNE, *de même.*
Eh quoi!
N'alliez-vous pas, ce soir engager votre foi !

JULIE, *avec une extrême émotion.*
Fait-on,... tout ce qu'on dit !

BEAUCHÊNE, *avec une tendre vivacité.*
Non, non. Hé bien, madame,
Rétractez donc aussi mon exil ; je réclame
Pour moi, pour votre amant, cette même raison
Qui garantit vos jours d'un éternel poison,
D'un mariage affreux, indigne de Julie,

(*Avec sentiment.*)
Ah ! madame, croyez, et je vous en supplie,
Croyez que dans ce jour, ma plus vive douleur,
Était de voir en proie à jamais au malheur
Celle que la nature orna de tant de charmes,

LISBETH, *à part.*
Fort bien !

BEAUCHÊNE.
Pour écarter les chagrins, les alarmes

De son ame sensible et de son front charmant,
Où l'amour tant de fois, sourit à votre amant,
Je n'excuserai point ce qu'on croit condamnable;
Mais je fus imprudent, jamais, jamais, coupable.

(*Julie se laisse aller dans un fauteuil, Beauchène*
tombe à ses genoux.

Prononcez ma Julie.

LISBETH, *riant à côté de Julie.*

Allons, madame, il faut
Pardonner aux amans toujours quelque défaut.
Il vous aime.

JULIE, *avec une douce fermeté.*

Beauchène, avec pleine assurance,
Croirai-je que jamais vous n'aimâtes Hortense!

BEAUCHÈNE.

L'honneur fait le serment! et désormais mes yeux,
En elle ne verront qu'un objet odieux.

JULIE, *vaincue, donne sa main.*

Il suffit,   (*Elle se leve; et donne son portrait.*)
Reprenez.

BEAUCHÈNE, *ravi, baise la main de Julie*
avec transport.

Eh quoi! l'on me pardonne!

JULIE,

Eh bien! tu vois, Lisbeth.

LISBETH.

Ah! vous êtes trop bonne.

SCENE XII & derniere.

JULIE, LISBETH, BEAUCHÊNE, FORLIS.

(Par sa position, Lisbeth cache Beauchêne.)

FORLIS.

Enfin, grace aux lenteurs d'un notaire éternel,
J'arrive seulement, ma sœur, l'ennui mortel!

(Lisbeth passe.)

Voici votre contrat. Comment! c'est vous, Beauchêne!
Ah! je vois... le portrait... Bon! rendez-le sans peine.

(Un peu bas.)　　　　*(A sa sœur, de même.)*

Du courage, morbleu! Ferme, de la fierté;
Allons... me faudra-t-il dissoudre le traité!
Donnez-moi ce portrait.

BEAUCHÊNE, *avec transport.*

Ah! jamais! de la vie.

FORLIS.

Qu'est-ce à dire!

LISBETH, *à Forlis.*

Monsieur, il a bien eu l'envie
De le rendre.

FORLIS.

Comment ?

LISBETH.

Et même il l'a rendu.

FORLIS.

Il l'a rendu! quoi!…

LISBETH.

Mais par un mal entendu,
Ou peut-être à dessein on le lui rend encore.

FORLIS.

Qui! ma sœur?

LISBETH.

Oui, vraiment, elle-même.

FORLIS.
J'ignore

(*Il s'approche de Julie.*)

Ce que peut désigner. Ma sœur?…

JULIE, *levant ses yeux pleins d'amour et de honte.*
Mon frère.

FORLIS.
Eh quoi!

Accorder?…

JULIE, *avec une douce bonté.*

Son pardon.

FORLIS, *embarrassé.*

Son pardon ?

LISBETH, *vivement.*

Oui, ma foi!
Le raccommodement est fini. Quel dommage!
Deux minutes plutôt, vous l'auriez vu.

FORLIS, *se mordant les lèvres, à part.*

J'enrage.

(*Haut*)
Ma sœur... j'en suis charmé.

JULIE, *avec abandon.*

Nous nous aimons toujours!

BEAUCHÊNE, *malignement à Forlis.*
Ah! félicitez-moi du plus beau de mes jours!

FORLIS, *toujours plus déchiré, jusqu'à la fin et
ricannant.*
Je vous en félicite... assurément.

JULIE, *se jettant au cou de Forlis.*

Mon frere!
Ah! que je vous sais gré de ce transport sincére!

LISBETH, *à Forlis.*
La paix et l'union, c'est bien satisfaisant.

N'est-il pas vrai, monsieur?

FORLIS.

Sans doute... c'est plaisant.

Vous êtes donc d'accord... tout-à-fait?

JULIE.

Ah! sans doute.

FORLIS.

Mais Dormond va trouver.....

LISBETH.

Oh bon! il est en route.

Il est parti.

FORLIS.

Parti?... comment!... l'original!

Au reste, il a bien fait.

BEAUCHÊNE.

Le départ d'un rival

C'est à ce frère cher que je le dois, Julie.

FORLIS, vivement.

Et comment donc cela?...

JULIE.

Comment?

BEAUCHÊNE.

Une folie,

Madame; pardonnez à l'innocent détour

Que nous ont suggéré l'avarice et l'amour;

Lisez donc cet accord, où Dormond vous refuse.

A Forlis.

Le trait vous charmera; que l'amitie m'excuse.
Un faux pari.....voyez.

> (*Il donne le papier, que Julie et Forlis lisent avec empressement, et pendant ce tems, Beauchène dit à Lisbeth en confidence.*)

BEAUCHÊNE.

Vous, ma chère Lisbeth,
Croyez que je rendrai votre bonheur complet.

LISBETH.

Ah! monsieur, je le crois.

JULIE, *éclatant de rire.*

L'aventure est plaisante.
Comprenez-vous, Forlis?

FORLIS.

L'idée est excellente.

BEAUCHÊNE, *à Julie.*

Me la pardonnez-vous?

JULIE, *levant les yeux et posant le papier sur son cœur.*

Ah! vous me ravissez!

BEAUCHÊNE.

Vous comprenez comment les faits se sont passés;

Les douze mille francs de ce marché comique,
Il me les a prêtés avec un cœur unique.
Ce bon frère.

JULIE.

O bonheur !

LISBETH.

Charmant ! en vérité.

FORLIS.

Je ne me suis pas fait prier !

BEAUCHÊNE.

Que de bonté !
Ah ! ma reconnaissance en doit être éternelle.
Allons, pour m'acquitter, que sa main fraternelle
Nous conduise à l'autel, pour qu'il puisse à loisir
Sourire à notre hymen, et doubler mon plaisir.

Fin du troisième et dernier Acte.